低碳经济下
中国石油工业发展战略

李宏勋　谢　芹　王新平　编著

石油工業出版社

内容提要

本书系统阐述了国内外石油工业的发展现状及存在的问题、供需市场预测、国际竞争力评价。结合低碳经济对中国石油工业的影响，对石油工业的战略分析、战略选择以及战略实施进行了详细深入的探讨，对今后中国石油工业的发展战略提供了重要的理论基础。

本书适用于科研院所的科研人员、高校相关专业师生以及石油工业企业的管理人员阅读、参考。

图书在版编目（CIP）数据

低碳经济下中国石油工业发展战略 / 李宏勋，谢芹，王新平编著. —北京：石油工业出版社，2021.3

ISBN 978-7-5183-4449-9

Ⅰ. ①低… Ⅱ. ①李… ②谢… ③王… Ⅲ. ①石油工业-经济发展战略-研究-中国 Ⅳ. ① F426.22

中国版本图书馆 CIP 数据核字（2020）第 259749 号

出版发行：石油工业出版社

（北京安定门外安华里 2 区 1 号　100011）

网　址：www.petropub.com

编辑部：（010）64523541　　图书营销中心：（010）64523633

经　销：全国新华书店

印　刷：北京中石油彩色印刷有限责任公司

2021 年 3 月第 1 版　2021 年 3 月第 1 次印刷

710×1000 毫米　开本：1/16　印张：9.75

字数：168 千字

定价：48.00 元

◆◆◆ 前　言 ◆◆◆

随着社会经济的发展，环境问题越来越严重，各国政府纷纷提出低碳经济发展战略，以改善目前的环境状况。作为负责任的大国，中国政府早在 2007 年的亚太经合组织大会上就明确提出中国要走低碳经济之路。在碳排放目标上，中国政府作出的公开承诺是到 2020 年单位 GDP 碳排放降低 40%~45%，这是中国第一次提出二氧化碳减排的量化指标，也是世界主要国家中第一个把碳减排与 GDP 指标挂钩的国家。低碳经济时代的来临，给能源产业带来了一场新的革命，将会引起中国的能源结构改革。低碳经济背景下，中国石油工业发展迎来极大发展机遇的同时也面临严峻挑战。中国石油工业的发展已经取得了很大的成就，但是也带来了一系列的资源、环境问题，不符合当今低碳经济的要求。为了顺应低碳经济发展趋势，中国石油工业应作出相应的战略调整。

本书利用文献研究法、调查研究法、定量分析法、比较分析法、QSPM 等研究方法，对低碳经济下中国石油工业发展战略进行研究，旨在分析低碳经济对中国石油工业的影响，并在此基础上提出石油工业的发展战略，为中国政府制定能源发展战略提供理论依据，并推动中国能源结构的升级和低碳经济的发展。

本书主要分为两个部分，第一章至第四章阐述低碳经济下中国石油工业产业发展格局，主要介绍了研究背景、研究意义、国内外研究现状，国内外石油工业及可替代能源发展现状，中国石油工业的供需预测以及竞争力评价。第五章至第八章阐述低碳经济下中国石油工业发展战略选择，主要分析了石油工业的产业环境、SWOT 分析及战略设想、战略选择实施以及保障措施。

本书是依据 2013 年中国石油大学（华东）自主创新科研计划（人文社科类）科技专项课题“低碳经济下中国石油工业的发展战略研究”的成果编写的。在研究过程中，课题组成员为此付出了艰辛的努力。在此，感谢课题组成员张雪慧、丁鹏、苏宝珍、张婷婷等所作出的巨大贡献。

由于笔者水平有限，书中难免有不妥之处，恳请广大读者批评指正。

目录 Contents

第1章 概 论

1.1 背景与意义

1.1.1 背景

近年来，全球范围内面临着严峻的气候变暖、地球生态圈碳失衡、能源供求形势紧张等问题，这主要是由以高碳能源消耗为主要特征的高碳经济造成的。在这种形势下，降低碳排放、转变经济发展方式就成为社会经济发展的客观要求。在这种背景下，低碳经济发展方式因其低能耗、低污染、低排放的优势受到人们的普遍关注。传统的粗放式发展方式表现为“三高一低”，即高开发、高消耗、高排放、低利用，它以大量消耗资源、牺牲环境来换取经济增长。低碳经济发展方式的提出，表明人类将逐渐放弃传统的粗放式发展方式，转而选择一种新的可持续发展方式以促进资源、环境、发展和谐统一。这是人类生产发展史上的一大飞跃，标志着低碳时代的到来。

低碳经济的提出得到世界各国的支持，顺应低碳经济发展的趋势，世界各国政府纷纷制定碳减排目标，并相应开始了各高能耗产业的战略调整工作。在这方面，已基本完成产业转移的发达国家成果比较显著。目前中国经济处于飞速发展阶段，低碳经济的发展促进了中国能源消费结构以及经济发展方式的转变，同时低碳经济也使中国石油工业存在的问题更加凸显，协调经济发展与资源环境关系的要求给中国石油工业带来巨大压力。顺应低碳经济发展趋势，中国政府也制定了碳减排目标，为了实现这一目标，中国政府及人民必须做出非凡的努力。提高能源利用率、调整能源结构、实现经济发展方式转变成为中国经济快速健康可持续发展的必然选择。

石油资源是支持现代社会发展不可缺少的矿产资源，成为所有工业化国家的经济生命线。然而，石油工业的发展过程中存在着石油供需紧张、环境污染严重等不可忽视的问题，石油工业战略调整逐渐被提上议事日程。在这种形势下，顺应低碳经济的发展趋势，借鉴国外石油工业发展经验，针对中国石油工业具体发展特征进行发展战略调整很有必要。

1.1.2 意义

低碳经济作为全球经济发展的新选择，引起学术界的普遍关注。然而低碳经济研究在近几年才受到各学者的关注，因此理论方面尚不完善，具体的研究方法也不成熟。低碳经济下，基于中国石油工业具体特点的发展战略研究较少，这对于石油资源极度紧缺、社会经济发展高度依赖石化产品消耗并且工业化高速推进的发展中国家的可持续发展是不利的。在这种情况下，对低碳经济背景下中国石油工业发展战略的研究意义重大。

（1）具有重要的理论价值。在对低碳经济特点整体把握的基础上，结合中国石油工业发展现状及问题分析其影响因素，在低碳经济大背景下针对性研究中国石油工业发展的具体问题，最终做出低碳经济下中国石油工业发展战略选择。明确中国石油工业发展现状，发现发展中的问题，使人们对中国石油工业发展水平有了一个客观真实的认识。最终以低碳经济发展要求为标准，结合国外成功经验与国内具体发展特征制定发展战略和具体实施对策，丰富了人们关于应对低碳经济发展模式的理论研究，也为中国其他产业应对低碳经济发展趋势提供借鉴。

（2）具有重要的实践意义。任何理论研究的最终目的都是为了指导实践，为实践提供科学依据与理论基础，以保证实践沿着正确的道路前进。无论是对中国石油工业发展影响因素的确定还是对其发展现状和问题的分析，其最终目的都是为指导石油工业健康可持续发展。以低碳经济为背景，提出石油工业的战略选择及实施，其实质意义就是为低碳经济背景下中国石油工业采取的应对措施提供方向指导，对于中国石油工业的发展具有重要的实践意义。

第一，促进中国石油工业的可持续发展。研究低碳经济下中国石油工业面临的挑战与机遇，提出中国石油工业应该采取的低碳化策略，有利于促进中国石油工业的节能减排，提高资源利用率，实现可持续发展。

第二，有利于保障我国能源安全战略的实施。习近平总书记明确提出，中国要推动能源消费革命、能源供给革命、能源技术革命、能源体制革命，并全方位加强国际合作，实现开放条件下的能源安全[1]。近几年，中国能源改革及发展取得了良好的成绩。但与此同时，随着我国经济转向高质量发展阶段，优质能源供给不足与人民群众对优质能源的需求不断增加之间的结构性矛盾日益显现。因此，基于低碳经济以及中美贸易摩擦等背景，提出中国石油工业的成长战略以及竞争战略，有利于我国石油工业的高质量发展，提高能源供给量，保障我国能源安全。

1.2　国内外研究现状

1.2.1　低碳经济研究现状

“低碳经济”的概念最早出现在1998年，是由Ann P.Kinzig[2]等首次提出的，2003年英国政府发表的《能源白皮书》对低碳经济的含义进行了界定，指出低碳经济是通过更少的自然资源消耗和更少的环境污染获得更多的经济产出；低碳经济是创造更高的生活标准和更好的生活质量的途径和机会，也为发展、应用和输出先进技术创造了机会，同时也能创造新的商机和更多的就业机会[3]。低碳经济发展模式提出后，各国纷纷响应。学术界对低碳经济的研究也不断增加。目前，国内外有关低碳经济的研究主要包括三个方面：低碳经济与经济增长之间的关系研究、低碳经济的制度安排、低碳能源战略。

（1）低碳经济与经济增长之间的关系研究。低碳经济发展的重要措施是对碳排放的控制，碳排放一直是国内外学者关注的焦点问题。例如：Salvador Enrique Puliafito等利用Lotka Volterra模型分析了人口、GDP、能源消耗与碳排放之间的关系，发现人口结构对碳排放有一定影响[4]。Ramakrishnan于2007年运用数据包络分析方法研究了GDP、能源消耗、碳排放之间的关系。Ugur Soytas等运用VAR模型，分析了美国能源消耗、GDP增长以及碳排放之间的因果关系[5]。Chang T C和Lin S J利用灰色关联分析测算了台湾地区34个行业的行业产值以及碳排放之间的关系[6]。Paul B Stretesky和Michael J Lynch选取了169个国家，以1989—2003年为研究期间，分析了各国人均碳排量与对美国出口量之间的关系[7]。王旭霞利用无量纲化以及加权变异系数法，基于2004—2018年间31个省份的数据，分别从整体的角度和分区域的角度对环境治理与经济增长的关系进行了回归对比分析[8]。

（2）低碳经济实现的制度安排。碳税和碳交易是实现低碳经济的重要制度保障，因此国内外学者对碳税及碳交易进行了大量研究。Jane Andrew 等指出，碳税是重要的治理污染的政策手段，源于社会和经济活动对碳排放的需求[9]。Andrea Baranzini 等对各国能源产品的碳税税率进行了分析总结，认为各国碳税税率的不同是造成国际协调碳税的障碍[10]。日本学者也进行了研究，发现能源税和碳税的使用能够降低碳排放，同时能够改善能源消费结构。Bureau 利用情景模拟分析方法对法国的碳税进行了研究，认为碳税对不同地区、不同收入的家庭影响不同[11]。Cheng F Lee 等以灰色理论和投入产出理论为基础，运用模糊目标规划方法构建数学模型，分析了不同的碳税方案对经济的影响[12]。国内学者对碳税也进行了研究。张明喜利用 CGE 模型进行了研究，认为征收碳税对减少碳排放具有一定的经济作用[13]。黄杰夫对比分析了碳排放以及碳交易之间的关系，认为将来有可能两种政策同时实行[14]。魏东、岳杰分析了碳排放的保障措施，认为碳交易市场要运行必须提高排放权的效率[15]。樊雅文分析了英国低碳经济政策，英国政府方面主要侧重对法律和碳目标的制定，而针对企业，低碳政策则更多的是起到激励和服务的作用，对公众而言，低碳政策则主要以引导和服务为主[16]。

（3）低碳能源发展战略。低碳能源是应对气候变化、发展低碳经济的重要方法。国内外一些学者针对低碳能源问题进行了一系列研究。杜祥琬认为面对中国资源短缺、人口众多的情况，低碳新能源战略是实现可持续发展的必要途径[17]。张艳秋等人利用模拟分析技术，对新能源进行了研究，认为新能源在能源构成中的扩大是一个逐渐加速的过程，中国的能源战略应该放在煤炭清洁化上[18]。Peter Bisson 等预测在未来短时间内化石燃料与其他资源的消费结构不会有太大的变化，化石燃料仍然占主导地位[19]。Scott V Valentine 通过对澳大利亚、加拿大、日本等地区的风力发电进行了研究，认为制约风力发电的因素主要包括社会、政治、经济等[20]。

1.2.2 石油工业发展战略研究

（1）石油工业发展战略的制定。

在石油工业发展战略研究方面，国外专家学者主要从石油工业发展影响因素，如石油资源价格、政府政策等因素进行研究，还有关于能源企业向低碳经济转型途径方面的研究。

Williams O Olatubi 等利用向量自回归方法分析了石油天然气价格的短期变动对石油天然气行业经济行为产生重要的作用，而价格长期变动的影响较小。[21]

Mitch Kunce 构建了动态经验框架，用来分析取消国税激励对于石油工业发展的影响[22]。结果显示，取消税收激励大量减少了政府每年的税收收入，但是这对钻井和产品活动的变动影响很小。这个结果也表明，对于石油工业活动大的转变可以通过改变税率来实现的观点，州政府应提高警惕。

Pier Vellinga 在工业转型对能源系统的可持续性研究中，提出一个多元化的政策方针，包括能效标准、可再生能源组合标准、碳税以及一个可交易排放许可证制度是能源向低碳经济转型的有效途径[23]。

Jyoti Parikh 和 Kirit Parikh 对印度的能源状况进行分析，发现印度的煤炭、油气、核能、氢能、水电和其他可再生能源都要靠进口，实现低碳经济最有效的途径是采取各种措施增加生产和消费能源的使用效率以减少能源需求[24]。

国内关于石油工业发展战略的研究，多数针对中国加入 WTO 后石油资源企业如何应对国际化竞争，围绕石油资源企业的经营战略的研究相对较多。

李晓春通过对中国石油企业的内外部环境进行分析，对中国石油企业面临的机会与威胁，存在的优势与劣势进行了梳理，利用 SWOT 分析法对中国石油工业发展战略的制定提出了针对性的建议，包括组织结构调整、人力资源重新分配、石油企业网络化建设等，并建议国家相应调整宏观政策，为中国石油工业发展创造和谐的市场环境[25]。

周炳文借鉴世界石油工业及跨国石油公司发展成功经验，认为针对中国海洋石油总公司发展过程中的问题应重点实施国际化发展战略，并针对性地制定具体实施策略，主要包括跨国经营的动机、环境、跨国经营战略的分析，并对石油公司跨国组织结构做出设计与调整等[26]。

张金莹利用 SWOT 分析法在对中国能源发展的影响因素进行分析的基础上，提出中国能源发展的战略选择建议，并提出了一系列具体对策[27]。

赵胜男等发现在分析能源发展战略时仅仅依靠定性分析存在很多漏洞，因此他们在利用 SWOT 分析法定性分析能源发展影响因素的基础上，利用层次分析法定量确定各因素权重，并以此为依据制定能源发展战略[28]。

（2）低碳经济对石油工业的影响研究。

① 国外有关低碳经济对石油工业影响的研究。

国外关于低碳经济对石油工业影响的研究主要侧重于石油工业的发展与环境、生态的关系以及低碳经济对能源系统的影响。

Onah R Ogri 阐述了尼日利亚石油工业的发展对环境的影响，指出目前法律法规对石油工业环境污染的约束作用很有限，并给出了提高环境质量、保护石油资源的政策建议[29]。

Donald Hanson 和 John A Laitner 从能源政策角度分析了低碳经济对能源系统的影响[30]。认为以技术为主导的投资策略可以保证碳排放量的大幅度减少而不影响国家经济。然而，能源政策即使要求每吨碳排放收费从 48 美元到 93 美元，也达不到《京都议定书》的要求，低碳经济对能源系统提出了政策制度、技术等方面的更高要求。

G V Chilingar 和 B Endres 通过详细阐述洛杉矶盆地城市油田引发的一系列环境灾难，指出石油工业发展不当对环境的严重影响[31]。

Gregory C Unruh 和 Javier Carrillo-Hermosilla 从全球碳锁定角度探讨了能源系统对低碳经济的影响，认为能源系统受益于长期递增报酬，会形成碳锁定状态，这将妨碍低碳经济和能源技术的创新。减少碳排放主要靠能源技术的创新，如果碳锁定，将无法向低碳经济继续发展，因此，阻止能源碳锁定是实现低碳经济的途径之一[32]。

Michael Grubb 等以英国电力系统为例论证了低碳经济对能源系统的多样性与安全性产生影响，低碳目标长期影响着英国电力系统的多样性，并与英国电力安全供应战略关系紧密[33]。

② 国内有关低碳经济对石油工业影响的研究。

国内关于低碳经济对石油工业影响的研究主要侧重于低碳经济给石油工业发展带来的机遇与挑战以及石油工业发展与环境的关系、石油安全方面。

首先，低碳经济给石油工业带来挑战与机遇方面。

杜伟指出，中国已经明确制定了到 2020 年各行业需达到的碳减排目标，这给中国石油工业带来极大减排压力[34]。短时间内新能源以及可再生能源的发展可以缓解国内油气供求矛盾，促进能源消费结构及产业结构的调整，提高中国石油工业国际竞争力。同时，各项低碳技术的研发升级可提升石油工业发展潜力，这些都是低碳经济给中国石油工业带来的机遇。而油气资源供需矛盾以及减排任务将是中国石油工业要面对的双重压力，石油工业发展各个环节的低碳化要求对技术、成本都有较高要求。然而，目前中国石油企业无论是低碳技术还是管理都不占优势，这些又是低碳经济下中国石油工业发展面临的挑战。

钱磊和季远玲指出了在低碳经济快速发展的背景下，中国石油行业该何去何从[35]。他们全面分析了低碳经济给中国石油工业发展带来的机遇与挑战，并对应对措施提出了自己的建议。

其次，石油工业发展与环境的关系研究方面。

潘红磊等分析评价了企业环保现状及存在的主要问题，论述了做好环境保护规划对企业的重要意义，并提出了石油企业制定环境保护发展战略规划的基本步骤以及做出经济可行的环境保护规划的方法[36]。潘红磊等主要对石油工业环境保护工作进行了研究，通过对国内外石油工业环境保护工作成就与问题的分析，为中国石油工业保护工作提出对策建议[37]。王琦从环境制度法规执行情况及环境质量情况两方面对中英两国的石油行业环境绩效信息进行了比较，发现中国石油在石油环境信息披露方面的缺点与不足，并从英国石油的环境信息披露中得出启示，为中国石油环境绩效监督提出了宝贵建议[38]。何丽梅主要针对中国石油企业环境绩效信息披露中存在的问题进行了分析，并借鉴日本成功经验，为改进中国石油企业环境绩效信息披露提出对策建议[39]，许晓玲，何芳，崔晴在借鉴世界主要大型石油公司在可持续发展背景下做出战略调整成功经验的基础上，为中国石油企业提出了具体的对策措施，使其实现经济发展与资源环境的协调发展[40]。

最后，石油安全研究方面。

宋顺琼从培养全新的安全健康环保理念、建立健全安全环保机构、建立保障体系坚持法制管理、加强应急事件管理、实施安全监督加强安全培训、海洋石油生产与环境保护协调发展、采用先进技术开展科技攻关八个方面，提出了建立安全健康环境管理体系，确保油田安全生产的政策建议[41]。魏豪明确指出目前中国面临竞争激烈的国际竞争环境，因此中国石油工业应积极开展能源外交，参与国际能源开发，保障中国能源安全[42]。曹新从中国能源发展战略的转变过程、基本设想以及体制保障三方面对中国能源发展的战略选择进行了阐述，并提出了中国石油安全的对策建议[43]。陈军等利用定量方法建立模型，并结合其构建的指标体系对中国石油安全战略进行评价，并以1990—2006年的数据为例进行了实证研究，发现中国石油安全水平整体呈不稳定上升趋势，变化缓慢，具体分析其内在原因后提出了相应的改善措施[44]。刘倩如和王建勇通过分析中国石油安全面临的风险，指出科技创新对增加石油供应、提高石油利用效率的重要意义，进而提出了通过完善中国石油科技创新政策体系提高石油安全水平的建议[45]。何贤杰，刘增洁，吴初国等利用构建的石油安全评价指标体系对石油安全影响要素进行评分从而确定关键要素指标，然后利用关键指标整合而成的综合指标对近年来中国石油安全形势进行了定量分析[46]。

（3）低碳经济下中国石油工业发展战略研究。

由于低碳经济出现比较晚，各国关于低碳经济下石油工业发展战略的理论研究比较少。

第一，国外有关低碳经济下石油工业发展战略的研究。国外专家学者更注重的是能源现状、产业发展与环境资源的关系方面的研究。

Solveig Glomsrod 和 Wei Taoyuan 探讨了洗煤是否是可以有效减少二氧化碳和微粒排放量的低成本战略[47]。他们使用一般均衡模型对中国新兴的洗煤市场进行了研究。宏观方法通过提高能源效率、降低煤炭运输成本以及洗煤工厂的投资挤出效应来把握洗煤的影响。洗煤可以刺激经济增长，减少微粒排放，但是未充分就业劳动者的庞大储备导致的反弹效应可能会导致能源使用总量、煤炭使用量和二氧化碳排放量的增加，而对化石燃料燃烧征收的碳税对碳排量的效果有限。

Huang 等开发了一套综合评估加拿大牧区石油行业气候变化影响的专家系统[48]。系统全面检测与整合了气候变化、自然条件变化、行业活动、环境问题、经济目标以及相关政策影响的相互关系。发放了一系列调查问卷以获得气候变化与石油相关活动关系的信息。还对容易受气候变化影响的过程进行分析与综合影响评估。结果显示，气温上升与自然灾害对石油有关过程都有显著影响。同时，石油行业对降水模式的变化也非常敏感。改进的专家系统可以用来获取气候变化对石油行业影响的信息，也可以帮助形成相关适应性政策。

Ma Hengyun 等将化石燃料和新能源经济调查研究相结合来识别能源需求与供给的潜在驱动力，以全面呈现中国在新时期的能源现状[49]。这将会引起对中国总体经济尤其是能源经济比较关注的人的兴趣。

Xia 等从能源安全、能源效率和碳排放等主要能源政策视角出发发展了一套综合性评估系统[50]。石油依赖率、平均石油增长率、能源多元化指标、碳化物指标以及石油增长风险指标等被用来评估中国 2002—2007 年间的产业发展。利用定量法分析综合指标，描述部门绩效特征。同时行业部门被分为五大类，然后利用模糊聚类法确定每类的主要特征，不同部门特征的比较为提出更准确的政策建议提供了依据。

第二，国内有关低碳经济下石油工业发展战略的研究。国内各专家学者关于低碳经济下中国石油工业发展战略的研究主要侧重于从能源整体角度来论述。

张丽峰具体分析了中国产业结构、能源生产与消费结构及其与碳排放的关系，并结合中国实际提出了碳减排的具体措施，包括加快调整产业结构、引进先进技术、加大科研投入开展技术创新、加快能源消费结构调整等[51]。

张运河等对中国能源结构现状及面临的问题进行了具体分析总结，由此认为低碳经济下中国能源企业应利用技术研发创新来提高能源利用率，减少能源利用增长量，促进能源结构实现多元化[52]。

吴辉根据技术经济范式理论对低碳技术发展现状进行了分析，他发现低碳技术的发展对低碳经济有着重要的影响力，由此得出结论：低碳技术研发创新是促进低碳经济发展的关键[53]。

徐隽等通过对比分析能量循环过程在自然界与电力系统中的不同表现，为中国能源在低碳经济背景下的整体规划提出了具体方法策略[54]。

总体来说，低碳经济下中国石油工业发展战略的研究起步较晚，还不成熟，研究内容不够全面，且大部分仅限于理论层次，缺乏与实践的实际结合，需要在以后的研究中不断完善。

除了关于石油工业发展的理论研究外，中国石油工业在发展的过程中还积累了丰富的实践经验。

石油工业战略重组和结构调整（1998）：根据上下游分工协作、内外贸协调发展和产销一体化的宗旨，重组中国石油、中国石化两大石油公司，政府与企业实现分离，市场呈现打破垄断、公平竞争的局面，这促进了中国石油工业的可持续发展[55]。

中国石油工业发展转型（“十五”期间）：中央政府加强宏观调控，实行产业内部体制改革，加快结构调整，推动科技进步，促使石油工业快速发展[56]。

同时，中国石油工业在国际化战略实施方面成绩突出。1993年，中国石油工业确立了“立足国内、发展海外、实施国际化经营”的战略部署[57]。中国石油工业放弃了“引进来”的发展方式，转而向国际化发展方式转变，逐步扩大国际合作范围，也逐渐采用越来越多的国际合作方法。通过参与国际能源合作项目，中国石油企业积极投资国外石油资源开发，为中国石油工业发展提供了稳定的供应来源，同时石油企业内部出现了一批对国际能源合作比较了解的优秀员工，有利于中国石油工业的长远发展。

中国石油工业发展的实践积累为其应对低碳经济发展趋势奠定了坚实的基础，为低碳经济下中国石油工业发展战略的选择提供了经验借鉴。

1.3 研究方法和研究内容

1.3.1 研究方法

（1）文献研究法。通过对国内外学术论文和专著、相关研究报告、统计年鉴和统计资料等文献信息和情报资料的查阅，分析中国石油工业的供需现状。

（2）调查研究法。重点对大庆油田、胜利油田、长庆油田和中国海油天津分公司等石油生产企业进行调查，全面了解中国石油工业发展状况，通过调查研究做到理论分析和实际情况相结合，真实地反映中国石油工业的发展现状。

（3）定量分析法。根据中国石油工业的供需现状，采用组合预测法、多元均值向量推断、支持向量机模型、BP 神经网络模型和联立方程模型等定量分析方法对中国石油工业的供需情况进行预测。

（4）比较分析法。将世界石油生产和利用大国与中国的石油工业进行比较、调查数据与历史数据进行比较等，均要用到比较分析法。

（5）SWOT-QSPM 分析法。利用 SWOT 分析方法分析中国石油工业面临的机遇与挑战，存在的优势与劣势，建立中国石油工业发展的 QSPM 矩阵，提出中国石油工业发展的战略选择。

1.3.2 研究内容

本书主要是通过分析低碳经济对中国石油工业的影响，提出低碳经济下石油工业发展战略，大体分两个部分。第一部分为中国石油工业发展格局，具体内容包括第 1 章到第 4 章的内容。

第 1 章，概论，研究背景与意义，对国内外的研究现状进行了阐述，并对本书主要内容和创新之处进行简要说明。

第 2 章，国内外石油工业发展现状分析，从储量产量、消费量、产业结构、技术四方面阐述世界以及中国石油工业的发展现状。

第 3 章，对中国石油工业供需情况进行市场预测，利用定量分析模型对中国石油工业市场的供给及需求情况进行预测。

第 4 章，中国石油工业竞争力分析，利用竞争力评价模型对中国石油工业的竞争力进行分析、评价。

第二部分为中国石油工业发展战略选择，具体内容包括第 5 章到第 8 章的内容。

第 5 章，低碳经济下中国石油工业发展的外部环境分析，主要利用 PEST 分析法分析中国石油工业的宏观环境，五力分析模型分析石油工业的竞争环境。同时，从产业生命周期、SCP（行业结构、企业行为和经营结果）以及价值链方面分析中国石油工业的内部环境。

第 6 章，低碳经济下中国石油工业 SWOT 分析及发展战略设想，分析中国石油工业所处的机遇、挑战以及其优势、劣势，从战略任务、方针、目标、任务等方面提出石油工业的发展战略框架。

第 7 章，低碳经济下中国石油工业发展战略选择以及实施，根据战略设想，提出中国石油工业的发展战略、竞争战略，并分析其实施策略。

第 8 章，低碳经济下中国石油工业发展战略实施保障措施，主要从政府的角度分析保障中国石油工业发展实施的条件及措施。

第2章　国内外石油工业发展现状

2.1　世界石油工业发展现状

2.1.1　油气储量产量呈逐年递增趋势

自20世纪80年代以来，由于科技水平的提高，世界石油探明储量不断增加。到2018年底，世界已探明石油储量约达1.73×10^{12}bbl，它表示的是在当前经济技术条件下能够开采的石油净储量。据《BP能源统计年鉴·2019》数据显示，世界石油剩余探明储量从1998年的1.12×10^{12}bbl增至2018年底的1.73×10^{12}bbl，年均增幅为2.94%，2003年至2012年均增幅为2.54%。可见世界石油探明储量总体呈递增趋势，但增幅逐渐减缓。石油资源地区及国家分布也极不均匀，探明储量最多的地区主要是中东、中南美洲、北美以及欧洲及欧亚、非洲地区，2018年底石油探明储量排名前三的国家分别是委内瑞拉、沙特阿拉伯、加拿大，分别占全球石油探明储量的17.5%、17.2%、9.7%。近20年世界主要国家和地区剩余石油探明储量变化情况见表2.1、如图2.1所示。

表2.1　1998—2018年世界主要地区石油探明储量变化　单位：10×10^8bbl

年份	北美	中南美洲	欧洲和欧亚	中东	非洲	亚太	全球合计
1998	100.0	95.6	142.5	661.6	77.2	40.8	1039.4
2008	216.6	196.0	159.0	741.3	120.4	48.0	1321.4
2011	221.0	326.9	140.3	797.9	126.6	41.4	1654.1
2012	220.2	328.4	140.8	807.7	130.3	41.5	1668.9
2013	232.5	329.8	157.2	808.7	130.1	42.7	1701.0
2014	232.5	330.2	154.8	810.7	129.2	42.7	1700.1
2015	227.5	329.0	154.9	803.0	128.2	48.8	1691.4
2016	227.5	327.9	161.5	813.5	128.0	48.4	1706.8
2017	237.8	324.0	158.4	834.3	125.3	47.7	1727.5
2018	236.7	325.1	159.0	836.1	125.3	47.6	1729.8

数据来源：《BP世界能源统计年鉴·2019》。

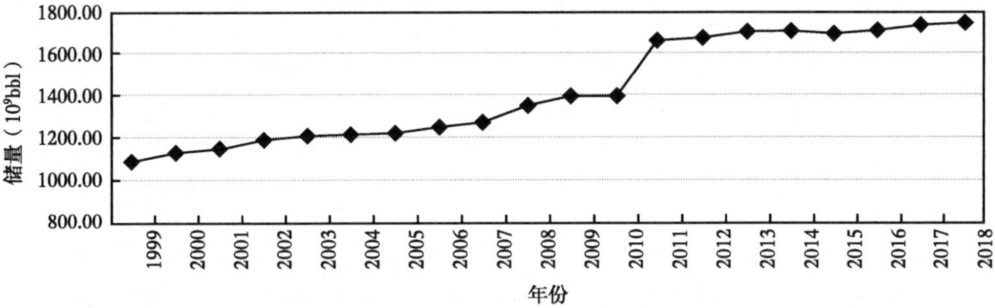

图 2.1　1999—2018 年世界石油探明储量变化

数据来源：《BP 世界能源统计年鉴·2019》

世界天然气探明储量一直处于稳步增长的状态。1998 至 2018 年间增长 $66.1\times10^{12}m^3$，平均年增长 2.1%；2008 至 2018 年间增长了 $26.7\times10^{12}m^3$，年均增长 1.49%。截至 2018 年底，全球天然气探明储量为 $196.9\times10^{12}m^3$。世界天然气储量的地区分布也不均匀。从表 2.2 可以看出，中东、欧洲及欧亚占据了世界天然气探明储量的 72.2%，超过世界天然气储量的一半以上。天然气储量还存在着明显的国家差异，2018 年底天然气探明储量排名前三的国家是俄罗斯、伊朗、卡塔尔，分别占世界天然气探明储量的 19.8%、16.2%、12.5%。总之，随着各国对天然气重视程度的加深、科技研发力度的加大，世界天然气探明储量呈逐年递增趋势（图 2.2）。

表 2.2　1998—2018 年世界各地区天然气探明储量　　单位：$10^{12}m^3$

年份	北美	中南美洲	欧洲和欧亚	中东	非洲	亚太	全球合计
1998	7.0	6.8	44.8	51.5	10.3	10.5	117.6
2008	8.7	7.5	51.4	73.7	14.0	15.0	155.1
2011	11.2	7.5	58.4	80.4	14.7	15.5	187.7
2012	10.8	7.6	58.4	80.5	14.5	15.5	187.3
2013	12	7.7	57.5	80.0	14.2	15.2	186.6
2014	12.1	7.7	58.0	79.8	14.2	15.3	187.1
2015	11.1	7.7	56.8	79.4	14.2	16.2	185.4
2016	11.1	7.6	56.7	79.4	14.3	17.5	186.6
2017	14.1	8.2	65.9	75.3	14.4	18.2	196.1
2018	13.9	8.2	66.7	75.5	14.4	18.1	196.8

数据来源：《BP 世界能源统计年鉴·2019》。

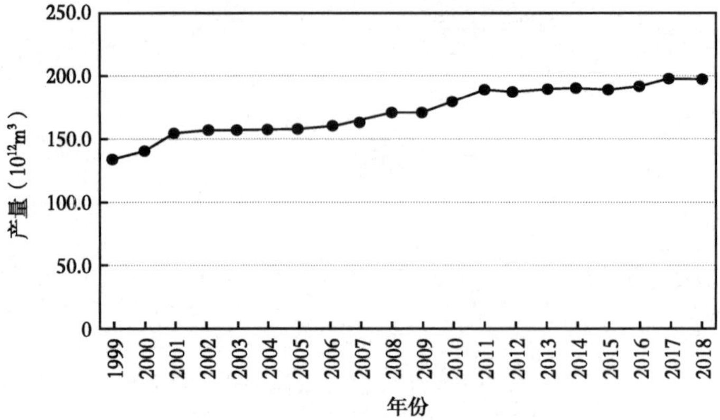

图 2.2　1999—2018 年世界天然气探明储量

数据来源:《BP 世界能源统计年鉴 · 2019》

据《BP 世界能源统计年鉴 · 2019》的数据显示，尽管各年的世界石油产量有波动，但总体上处于缓慢增长态势。由表 2.3、图 2.3 可见，1992—2018 年间，世界石油产量由 1992 年的 31.95×10^8t 上升到 2018 年的 44.74×10^8t，年均增长率为 1.38%，全球石油产量呈逐年递增趋势。然而，全球石油产量的地区及国家分布呈现不均匀的状态，主要分布在中东、欧洲及欧亚、北美地区，2018 年产量分别占世界总产量的 22.96%、19.49%、33.29%，其余各地区石油产量约占 24%。2018 年世界石油产量排名前 5 位的国家分别是沙特阿拉伯、俄罗斯、美国、中国、加拿大，产量合计约占世界总产量的 45%。其中中国石油产量仅为 1.89×10^8t，居世界第七位，虽然年增长率逐年增长，但是总量并未居于世界前列。

表 2.3　1992—2018 年世界主要地区石油产量变化　　单位：10^6t

年份	北美	中南美洲	欧洲和欧亚	中东	非洲	亚太	全球合计
1992	663.2	252.1	695.7	914.1	335.3	334.8	3195.2
2002	652.4	346.4	790.3	1057.5	376.8	379.3	3602.7
2011	660.7	381.7	846.1	1321.0	415.7	393.6	4018.8
2012	721.4	378.0	836.4	1336.8	449.0	397.3	4118.9
2013	784.7	376.4	832.6	1325.2	412.8	394.9	4126.6
2014	866.8	391.0	834.3	1339.5	392.2	396.7	4220.5
2015	908.3	398.6	847.3	1411.6	393.7	400.0	4359.5
2016	882.6	384.5	860.6	1496.9	374.8	383.0	4382.4
2017	918.7	367.3	860.8	1477.9	386.0	369.1	4379.8
2018	1027.1	335.1	872.0	1489.7	388.7	361.6	4474.2

数据来源:《BP 世界能源统计年鉴 · 2019》。

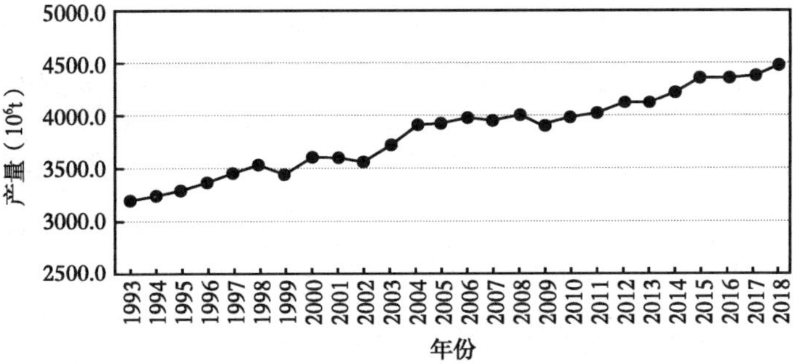

图 2.3 1993—2018 年世界石油产量

数据来源：《BP 世界能源统计年鉴 · 2019》

近年来世界天然气产量增长迅速，从表 2.4、图 2.4 可以看出，世界天然气产量每年几乎呈直线增长趋势，2018 年产量达到 $38679\times10^8m^3$，年均增长率为 2.64%，年产量保持较快速度增长。同时，世界天然气产量地区及国家分布也不均匀，北美及欧洲和欧亚地区天然气产量占世界天然气总产量的 55.2%，超过世界天然气总产量的一半以上，是天然气的主要产区。中东和亚太地区天然气产量约占世界总产量的 34.1%，虽低于北美地区，却是产量增速最快的地区。从天然气产量国家分布来看，近年来美国由于页岩气的大规模开发，天然气产量迅速超过俄罗斯，成为天然气第一大国。2018 年底美国天然气产量为 $8318\times10^8m^3$，占世界总产量的 21.5%，居世界天然气产量第一位；俄罗斯一直是天然气产量大国，2018 年底产量为 $6695\times10^8m^3$，占世界产量的 17.3%，居世界第二位；中国天然气产量为 $1615\times10^8m^3$，仅占世界产量的 0.4%。

表 2.4 1992—2018 年世界主要地区天然气产量变化 单位：$10\times10^8m^3$

年份	北美	中南美洲	欧洲和欧亚	中东	非洲	亚太	全球合计
1992	657.7	60.5	932.3	114.3	78.5	174.3	2017.6
2002	763.6	107.9	966.5	247.2	138.2	300.5	2523.9
2011	866.5	167.2	1034.2	540.7	210.2	496.9	3315.7
2012	893.8	173.7	1028.2	565.1	215.4	504.0	3380.2
2013	903.3	173.3	1034.7	580.5	204.7	512.3	3408.8
2014	948.4	175.0	1002.4	601.0	202.6	531.2	3460.6
2015	969.4	178.0	995.4	615.9	210.0	561.9	3530.6
2016	948.4	177.0	1000.1	637.8	208.3	579.9	3551.5
2017	961.6	180.3	1052.3	650.4	225.7	607.5	3677.8
2018	1053.9	176.7	1081.8	687.3	236.6	631.7	3868.0

数据来源：《BP 世界能源统计年鉴 · 2019》。

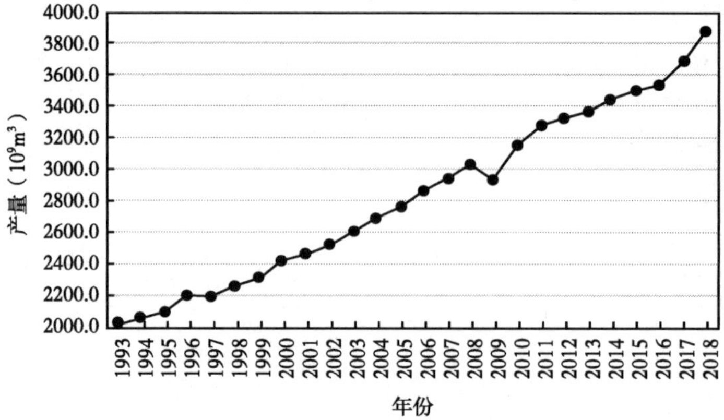

图 2.4　1993—2018 年世界天然气产量

数据来源:《BP 世界能源统计年鉴 · 2019》

2.1.2　油气消费量高速增长，供需矛盾不断加剧

油气在世界一次能源消费中占有重要比重，近年来消费量呈快速增长趋势。2018 年世界石油消费量达 46.62×10^8t，其中亚太、北美及欧洲和欧亚地区石油消费量占世界石油总消费量的 80.3%。美国是石油消费量最大的国家，2018 年石油消费量为 9.20×10^8t，占世界石油消费总量的 19.7%，但同比增长率出现了负增长，这主要是由于国内页岩气资源大规模开发，替代部分石油资源。中国石油消费量位居世界第二，占世界石油总消费量的 13.7%，印度跃居第三，占 5.1%。石油资源需求量增速最快的国家主要是发达国家及发展较快的发展中国家，也有不少国家出现了石油消费量的负增长，这表明替代能源开发力度加大对高速增长的石油需求量起到了缓解作用。

近年来，天然气资源越来越受到人们的青睐，天然气需求量呈连年高速增长趋势。2018 年世界天然气消费量达 $38494\times10^8m^3$，相比于 2012 年的 $33145\times10^8m^3$ 约增长了 16.1%。天然气资源作为清洁高效的能源受到世界各国的广泛重视，各地区和国家对天然气的需求量大大增加。其中，2018 年天然气资源消费量最大的地区是北美地区、欧洲及欧亚地区、亚太地区，分别占世界天然气总消费量的 26.57%、29.35%、21.44%，共占世界总消费量的 77.36%。

2018 年中国天然气资源消费量为 $2803\times10^8m^3$，成为世界第三大天然气消费国。2018 年美国天然气消费量达到 $8171\times10^8m^3$，占全球消费量的 21.2%，位居世界第一。其次是俄罗斯，占 11.8%，两国合计消费量占全球消费量的 1/3 以上，是世界天然气消费量最大的两个国家。2018 年各主要国家的天然气消费量都出现了大幅度增长，表明世界范围内对天然气的需求处于高度旺盛时期。有关专家预测到 2030 年世界天然气消费量将达到 $4.62\times10^{12}m^3$，在世界能源消费结构中所占的比例将达到 26%。

从表 2.5 中可以看出，各地区的石油资源分布不均匀，供需缺口突出。其中，亚太地区石油需求增长飞快，而生产增速缓慢，石油供需缺口较大，供需缺口达到 13.3×10^8t，对外依存度逐年提升。北美石油供需缺口逐年缩小，这主要得益于其国内非常规天然气——页岩气的大规模开发，代替石油资源的消费。

表 2.5　2018 年各地区石油产量消费量对比　　单位：10^6t

地区	北美	中南美	欧洲及欧亚	中东	非洲	亚太
产量	1027.1	335.1	872	1489.7	388.7	361.6
消费量	1112.5	315.3	935.5	412.1	191.3	1695.4
缺口	–85.4	19.8	–63.5	1077.6	197.4	–1333.8

数据来源:《BP 世界能源统计年鉴 · 2019》。

从表 2.6 中可看出，各地区天然气分布也存在严重不平衡的问题，导致亚太、欧亚地区供需缺口较大，供需矛盾突出。美国是世界天然气产量和消费量大国，随着其页岩气资源的开发，液化天然气项目建设进展迅速，2017 年开始成为天然气净出口国。作为异军突起的中国，天然气需求量激增，供需矛盾突出，需要大量进口天然气满足国内天然气需求，对外依存度也逐年提升，2013 年对外依存度首度突破 30%，达到 31.6%，2018 年对外依存度攀升至 45.4%，几乎一半的天然气要靠国外进口，天然气的安全问题进一步上升。

表 2.6　2018 年各地区天然气产量消费量对比　　单位：$10\times10^8m^3$

地区	北美	中南美	欧洲及欧亚	中东	非洲	亚太
产量	1053.9	176.7	1081.8	687.3	236.6	631.7
消费量	1022.8	168.4	1129.8	553.1	150	825.3
缺口	31.1	8.3	–48	134.2	86.6	–193.6

数据来源:《BP 世界能源统计年鉴 · 2019》。

2.1.3 产业结构逐步趋于完善

石油工业产业结构是指石油工业内部各部门的构成及其比例关系，主要通过石油工业产品结构、石油工业产业布局以及石油工业原料结构三方面来体现。

首先，产品结构趋于多元化、高附加值化。随着经济的发展和技术的研发，世界范围内石油工业产业链逐渐延长，促进石油工业产品实行深加工，产品质量提高、附加值增加，使得石油工业环境效益与经济效益同时得到提升。

其次，石油工业产业布局更加趋于集约化。通过一系列的企业并购，炼厂规模越来越大，炼厂更加趋于集中分布，形成规模化集群效应，对提高能效、减少污染都起到了重要作用。目前，世界大型石油公司通过上中下游一体化实现石油工业生产效率的大幅提升。

最后，石油工业原料结构趋于低碳化。世界发达国家目前石油工业原料结构多元化发展，主要倾向以清洁高效的天然气资源为主，原料结构更多向低碳能源发展。

总之，世界范围内特别是发达国家石油工业产业结构趋于完善，逐步向更加低碳化方向发展，更加符合资源节约型和环境保护型社会理念。

2.1.4 低碳化发展取得突破

随着低碳经济的发展，国际石油工业企业对低碳战略的重视程度不断提升，开发低碳能源技术，并采取一系列措施促进低碳战略的实施，促进低碳化的发展。

（1）明确提出低碳发展战略。为了应对气候变化问题带来的挑战，实现绿色低碳化发展，国际大石油公司都制定了明确的低碳发展战略，不断提高能源利用率，开发高效清洁的产品，同时研发低碳能源技术。例如：埃克森美孚公司，将绿色低碳发展战略分为短期、中期和长期，其中短期的战略重点是提高能源利用率，中期的战略重点是推动目前可行的减排技术的应用，长期战略是开发可以改变行业格局的低碳技术；BP 石油公司提出，要以价格可以承受供应安全，不损坏环境的方式生产能源，从而为股东创造价值；壳牌石油公司坚持可持续发展的理念，重视企业社会责任的履行，致力于建立对环境负责的能源系统 [58]。

（2）在生产过程中提高能源的利用效率，并且降低碳排放。国际石油公司将绿色低碳发展战略落实到企业的生产过程中。例如：埃克森美孚公司投资热电联产项目，减少污染物排放，实施碳捕捉和存储；BP石油公司加强温室气体排放管理，制定了严格的温室气体排放标准，并以此对运营部门进行评估和考核；壳牌石油公司采取多种方式减少碳排放，改进生产工艺，提高资源利用效率，降低气体燃烧排放，重视技术研发，不断提高碳捕获和存储能力。

（3）向消费者提供高效清洁的产品及服务，提高消费者的能源利用效率。国际石油公司为了提高消费者能源利用效率，不断进行技术改进，加强服务管理。埃克森美孚致力于研发先进的交通和燃料技术，涉及的具体技术包括藻类生物燃料、锂电池技术、轮胎技术、汽车塑料零件、高级润滑油、发动机和氢燃料电池；BP石油公司则加强和车辆以及设备制造商的合作，从而提高其燃油和润滑油产品的总体使用效率；壳牌石油公司开发低碳能源产品，帮助消费者改变驾驶习惯，从而使工业企业以及消费者使用更少的能源，排放更少的温室气体。

（4）在低碳技术政策研究方面与政府、高校、科研机构以及其他石油公司开展合作。实施国际合作，共同致力于技术以及产品的研发，是企业实现绿色低碳发展的重要途径。国际主要石油公司通过与政府、高校的合作，不断进行技术的研发，促进政府政策的制定。埃克森美孚石油公司支持高校的气候研究项目，共同致力于减排相关的科技与经济发展方面的研究，与政府部门进行公共政策方面的合作探讨。通过合作，国际石油工业在二氧化碳捕捉、封存及利用技术方面取得了很大的进展，例如，挪威在北海油田每年将3.7×10^8t二氧化碳注入深海盐水层，美国每年注入油藏的二氧化碳量为（2000~3000）$\times10^4$t。在提高能效技术研发方面，加氢裂化技术、催化裂化技术、延迟焦化技术等节能技术在世界范围内逐渐成熟，为石油工业节能提供了技术保障。近年来，国外主要针对降低生产装置能耗和成本开发了一系列高性能催化剂和新合成工艺。低碳技术的发展为能源效率的提高、环境污染的减小以及新能源的开发提供了技术支持，促进世界石油工业快速发展。

2.2 国内石油工业发展现状

2.2.1 油气储量产量增加，非常规油气资源开发不足

中国石油资源储量较为可观，且近年来呈大幅增加趋势。据国家统计年鉴数

据显示，2018 年中国石油新增探明地质储量 9.59×10^8t，同比增长 9.4%，位居世界前列，也是亚太地区地质储量最大的国家。与此同时，2016 年之前中国石油产量呈现一定的上升趋势，2016 年以后，产量呈现一定下降趋势，2018 年中国石油产量为 189.1×10^6t，同比下降 1.3%，造成这一问题的原因主要包括两个方面。首先，国内石油勘探投入不足。油气领域勘探开发主体较少，区块退出和流转机制不健全，竞争性不够。加之不同地区地质认识和资源禀赋差异，各公司勘探主要集中在资源丰度高地区，风险勘探积极性不高，部分地区勘探投入不足。一些国内企业通过"走出去"已获得国外区块，积累了技术和管理经验，但国内准入仍存在诸多限制，制约了多元化资本投入，导致石油产量下降。其次，国际油价下跌，企业大幅削减投资，油田作业量减少，产量减少。

2018 年中国进口的石油高达 4.619×10^8t（相当于日均 924×10^4bbl），同比增长 10.1%，再次成为全球最大石油原油进口国，对外依存度高达 70%，比 2017 年的 67.5% 又上升了 2.5%，供需矛盾更加突出。

近年来，随着天然气勘探开发力度的加大，中国天然气探明储量迅速增加。据国家统计年鉴数据显示，2018 年中国天然气新增探明地质储量 $8312\times10^8m^3$，新增探明技术可采储量 $3892\times10^8m^3$。同时中国天然气产量增长比较迅速，2018 年天然气产量为 $1603\times10^8m^3$，同比增加 $123\times10^8m^3$，增速 8.3%。

通过以上分析可以看出，中国油气资源勘探开发取得很大进展，但目前中国石油天然气储量及产量主要针对的是常规油气资源，而储量丰富具有巨大开发前景的非常规油气资源的开发，仍处于起步阶段，开发力度远远不够，尚未形成规模开发，而且大量的油气资源依靠进口，供需矛盾日渐突出。为了保证中国油气资源产量增长，中国应加大非常规油气资源开发力度，将其纳入重点开发项目，为中国油气资源供应提供保障。

2.2.2　油气资源消费量快速增加，消费市场供不应求

（1）石油资源消费量快速增加，对外依存度高。中国是发展中的石油消费大国，随着国民经济高速增长和产业结构调整，石油消费量快速增加。据《BP 世界能源统计年鉴·2019》数据显示，2018 年中国石油消费量为 6.41×10^8t，年均增长 1.3%，成为仅次于美国的世界第二大石油消费大国，而中国 2018 年的石油产量为 1.89×10^8t，中国石油供需缺口达 4.52×10^8t，消费市场供不应求，需要依

靠大量进口石油，石油对外依存度不断提升，高达70%，石油安全形势紧张。一方面，国内油田产量呈现一定下降趋势，国内老油田发展进入中后期，可持续发展能力弱。国内老油田已进入开发中后期，历史包袱和社会负担重、人员冗余，经营成本相对较高。大型国有企业经营机制不灵活、治理结构不完善，管理水平较国际一流企业仍存在较大差距，导致其产量增长速度放缓。另一方面，原油进口主要集中在中东等地缘政治不稳定地区、海上运输过于依赖马六甲海峡、陆上跨国管道突发事件等风险依然存在。这导致中国石油安全存在一定的风险。

（2）天然气需求增长较快。近年来，随着经济的高速发展以及环保要求的提高，天然气资源越来越受到人们的重视，天然气市场进入快速发展阶段，天然气消费量呈逐年高速增长态势。据《BP世界能源统计年鉴·2019》数据显示，2018年中国天然气消费量达到了$2803 \times 10^8 m^3$，同比增长17.5%，在一次能源消费中占比达7.8%，同比提高0.8个百分点。2018年中国天然气产量为$1603 \times 10^8 m^3$，由此中国天然气市场形成了$1200 \times 10^8 m^3$的供需缺口，消费市场供不应求，需要大量进口天然气。

（3）油气资源消费结构相对单一。从油气资源消费结构来看，发电将是油气资源利用的主要趋势，而中国目前油气资源主要应用于石油化工和产业燃料等方面，与目前世界天然气利用水平存在一定差距。虽然近年来中国油气发电比例有所提升，但油气资源消费结构优化任务还是比较艰巨。因此，油气资源消费结构优化是中国能源发展的一大重要任务。

2.2.3 油气管道建设迅速发展，管道安全有待加强

油气管道建设对石油工业的发展至关重要，世界各国在石油工业发展过程中都把油气管道建设放在重要位置。石油工业是一个完整的产业链，由上游勘探开发、中游油气储运、下游炼油销售三部分组成，而油气管道作为油气储运的主要工具扮演了承上启下、连接油气田与市场的桥梁角色。再加上中国油气资源分布不均匀，油气产地与主要消费区分离，这就使得油气管道的作用更加重要。而油气管道运输方式相对其他运输方式的优势也使其成为中国油气运输工具的主要发展方向。随着中国石油工业的发展，中国油气管道建设也循序渐进地开展，且取得了显著的成绩。经过50多年的努力，中国已建成油气管道50多万千米，油气管网布局已基本成形，横贯东西、纵贯南北的油气管网很大程度上缓解了中国油

气资源分布不均的困境。

中国油气管道建设确实取得了瞩目的成就，但是在油气管道建设运行过程中也暴露出一系列安全问题。特别是随着油气管道的逐渐老化，油气泄漏问题开始显露出来。2013 年的中国石化黄岛事故更是给人们敲响了警钟。因此，在努力扩大油气管道延伸范围的同时，也要注意加强油气管道的安全管理。

2.2.4 产业结构调整加快，产业优化潜力巨大

石油工业是国民经济的支柱产业，对促进相关产业升级和拉动经济增长具有重要意义。石油工业在发展过程中致力于产业结构的调整，“十三五”规划中也把加快石油工业产业结构调整列入重要任务。经过多年的努力，中国石油工业产业结构调整取得一系列的成就。然而，石油工业产业结构仍存在严重问题，产业优化潜力巨大。

（1）产业结构得到改善，但仍然不合理。石油工业产品结构进一步改善，油品品质得到改善，高附加值产品比例不断提高，资源密集型出口结构得以改善。但石油工业整体产品结构仍不尽合理，低端产品产能过剩和重复建设存在加剧之势，造成资源浪费与环境污染，能源利用效率低。

（2）布局不断优化，但仍然不均衡。近几年，中国石油工业产业布局更趋合理，成品油“北油南运”局面得以改善。石油化工产业向原料产地集中，大型炼厂不断增多，产业集中化程度不断加深，初步形成产业规模效应。但石油工业产业布局仍有较大的大型化、规模化、集约化程度提升潜力。尤其是 2014 年以来油价大幅下跌，国内石油行业市场化体系不健全、竞争力不足等体制性问题凸显。

（3）原料结构低碳化。石油工业原料结构得以改善，天然气逐步取代煤作为合成气的主要原料，乙烯路线逐步取代乙炔路线，原料结构进一步低碳化。

总之，石油工业产业结构已逐渐趋于合理，但仍存在很不合理之处，这也恰恰说明石油工业产业结构调整潜力巨大。特别是在低碳经济发展的背景下，对石油工业产业结构调整提出了更高的要求，石油工业产业结构调整任重而道远。

2.2.5 低碳技术初步发展

在低碳能源开发技术方面，中国开始加大对新能源的技术研发投资，部分可再生能源利用技术已取得长足发展，生物质能、太阳能等新能源利用技术已得到

应用。但与国际发达国家相比，中国新能源开发技术尚处于起步阶段，还没有完整的技术体系。

（1）非常规和难开采油气勘探开发应用总体上达到国际先进水平。目前，中国基本形成适合本国陆相储层的有效致密气勘探开发技术，初步掌握浅层海相页岩气成套开发技术和致密油开发关键技术，高煤阶煤层气勘探开发技术基本成熟，3000m深水半潜式钻井船等装备实现自主化，建立了浅层超稠油油藏经济高效开发技术体系[59]。这为中国开采非常规油气资源以及难开采油气资源提供了技术保障。

（2）在节能技术研发方面，中国已取得重要进展。原油梯级蒸馏节能技术、催化裂化吸收稳定系统节能技术及精细高耗能分离过程差压耦合节能关键技术等节能技术不断取得突破性进展，为中国石油工业能源效率的提高提供了技术保障，促进石油工业节能减排任务的完成。但是中国在CO_2捕捉、封存技术发展方面投入不大，具有广阔的发展空间。

第 3 章　低碳经济下中国石油供需市场预测

3.1　研究模型概述

3.1.1　组合预测法概述

组合预测法是利用两种或两种以上方法来处理同一个问题，并严密推导各方法的融合过程，然后使用各方法相融合的模型进行预测。利用单一预测方法容易导致预测结果与实际值之间的偏差较大，从而在一定程度上降低预测结果的科学性，组合预测通过发挥两种或两种以上方法的优势，综合各种方法的内在信息，尽量避免单一预测方法的局限，充分利用多种信息，在包含系统对立信息的同时可以减少随机性，改善系统的预测特性，从而增强预测的能力[60]。同时，在使用组合预测模型时需要考虑组合预测模型各内部模型的适用条件，并需要满足各内部模型的组合条件，因此，组合预测模型与单一模型相比，有更为严格的应用条件。

3.1.2　多元均值向量推断概述

多元均值向量主要从描述客观事物的多个变量或多个因素出发，通过数学推断过程获得各变量之间相互依赖关系，同时获得变量依赖关系的统计规律。多元均值向量的研究是以多元均值向量分析为基础，如果个体的观测数据能表示为 p 维欧氏空间的点，则称该数据为多元数据，而多元统计分析则是分析多元数据的统计方法。作为数理统计的一个重要分支，利用多元统计方法，实际工作者可以很好地解决实际问题。重要的多元统计分析方法有：多元回归分析、聚类分析、判别分析、因子分析、主成分分析、多元方差分析、对应分析、典型相关分析等。

多元均值向量的推理规则是多元统计分析的一个部分，该方法以现有样本观测值为研究始点，对现有样本观测值进行初步处理，获得样本协方差矩阵，协方差矩阵进一步被处理，即得到预测结果。多元均值向量推断的具体处理方式是对 p 个相关变量同时进行分析，基于联合置信域的形式给出均值向量诸分量的一个完整的统计分析，其所依托的理论是以主元分析（PCA：Principal Component Analysis）和偏最小二乘（PLS：Partial Least Squares）为核心的多变量投影方法[61]，该方法的基本思想是由一组维数较低的不相关隐变量描述并展现高维数据信息。

3.1.3 支持向量机模型概述

作为一种线性机器，支持向量机通过建立一个超平面，该超平面称为决策曲面，能够实现最大化正例和反例之间的隔离边缘，进而近似实现结构风险的最小化[62]。支持向量机非常重要的一方面是测试数据的泛化误差率，它有一个边界，即训练误差率及一个依赖于 VC 维数的项的和，在分离状态下支持向量机训练误差率为零，并且 VC 维数的项的和达到最小[63]。“支持向量” $\boldsymbol{x}_i$ 和输入空间抽取的向量 $\boldsymbol{x}$ 之间的内积核是构造支持向量机学习算法的关键，是由算法从训练数据中抽取的小样本构成支持向量[64]。学习机器可以通过内积核的不同来进行划分，不同的内积核产生的学习机器主要有径向基函数网络、多项式学习机器和两层感知器[65]。也就是说，对于这些前馈网络中的每一个，利用给定的训练数据集可以使用支持向量学习算法来实现学习过程，由学习算法本身实现隐藏单元数目的配置。作为一个特别设计的反向传播算法，其主要用于训练多层感知器，支持向量学习算法是一种更一般的算法。

支持向量机提供控制模型复杂性的方法，该方法能够独立于数据的维数，首先定义一个决策面，将其构造成惩罚超平面的形式，然后将复杂的模型映射到较高维度的空间中，在较高维度的空间中对模型进行处理实现泛化性能[66]。支持向量机设计的目标是为解决问题提供一个方案，该方案实现的是在现有样本信息下解决问题，而不是在样本趋于无穷时解决问题，运用该算法进一步处理，问题将转化为求解二次型最优问题，且二次型问题有最优解[67]。将实际问题映射到较高维度的空间中，在较高维度的空间中以线性判别函数进行判别，避免了原空间中非线性判别法函数的复杂性，原空间与较高维度空间之间的转化桥梁是一个非线性变换算法，该特征显示支持向量机的泛化能力，通过将约束最优化问题转化到对偶问题上的方式绕过维数灾[68]。

3.1.4 BP 神经网络模型概述

BP 神经网络是神经网络的一种，其在神经网络中有其自身特点，即误差反向传播，同时它具有多层网络且为前馈神经网络，在 BP 网络中，信号是向前移动的，样本从输入层传入，即产生信号的输入，信号在隐层经过一定的函数处理后传向输出层，在输出层信号形成一个输出值，输出值会与期望输出值进行对比，若两者不等则出现误差，此时误差会与信号进行相反方向的运动，相反方向传播的误差又逐次反向经过 BP 网络的各个隐层（通常为 S 型隐层），在经过各个隐层的处理后将误差回馈给各层单元，各层单元获得误差信号后，凭此信号值修正各单元的权值 [69]。此过程不断进行，并不断对各单元的权值进行调整，训练停止的参考标准为误差达到可接受范围或学习次数达到给定值。训练结束后，训练结果进入线性输出层，由输出层得出的数值即为有限不连续点函数的逼近值。

BP 神经网络的输出层可以设定两类传递函数，它们是 S 型函数和线性函数，两类函数都能够对网络的输出值进行控制。如果选择 S 型函数作为输出层函数，则网络的输出值将得到一定程度的限制，其值将处于 [-1,+1] 的区间内；而如果选择线性函数作为输出层函数，则网络的输出值不会受到限制，其值将处于实数域内。基于两类函数的特点及网络处理过程的要求，通常会选择 S 型函数作为隐层的传递函数以使数值限定在 [-1,+1] 区间内，选择线性函数作为输出层的函数以使输出值处于实数域内。值得注意的是 BP 神经网络的隐层通常不会只有一个神经元，在多个非线性神经元及输出层线性神经元的共同作用下，网络的输出值就能够保证对输入值进行拟合，而不是限制在 [-1,+1] 区间内。BP 网络通过有监督学习的方式进行学习，输入向量 **p** 和期望响应 **t** 需要在训练前给出，根据网络误差性能，训练过程中会调整网络的权值和偏差，最终实现期望的功能，前馈神经网络仍然采用均方误差实现默认网络性能函数的功能，网络的学习过程是最小化均方误差的过程 [70]。

3.1.5 联立方程模型概述

联立方程模型是指为研究变量之间的相互关联性，运用几个单方程共同形成一个模型，这个模型中的几个单方程依靠相互关联的变量进行关联，进而再由模型来显示变量之间的相互依存关系。联立方程组的每个方程中的变量有内生变量与外生变量之分，外生变量不会相互关联，内生变量则是反应相互关联的变量。

建立联立方程之前需要考虑模型是否能够被识别，即在给定的变量下是否能够建立起联立模型。从模型的角度来说，模型能否识别体现在既定的变量数据下，能否将模型的所有未知参数都计算出来，如果模型的所有参数都能够计算出来则该模型是可以识别的，如果模型的所有参数不能够全部计算出来，则模型是不可识别的。模型可以识别又分为两种情况，即恰好识别和过度识别，恰好识别时模型的所有参数均可以取唯一的数值，过度识别时模型的参数有一些可以取多个值。联立方程的识别可以通过阶条件和秩条件来进行判别，其中阶条件为识别的必要条件，秩条件为识别的充分条件。

阶条件是：如果联立模型中的某个方程式所不包含的前定变量的个数大于等于它所包含的内生变量个数减1，即 $k \geqslant m-1$，则方程可以识别；若 $k=m-1$，则方程恰好识别；若 $k > m-1$，则方程过度识别。秩条件是：Λ 为结构参数矩阵 $\Lambda\Gamma$ 内划掉第 i 行，同时划掉第 i 行上非零元素所在列，剩下元素则继续按原来的位置进行排列所成的矩阵，为 $n-1$ 行 k_i 列的矩阵。第 i 个结构方程恰好识别的条件为 秩$(\Lambda)=n-1$ 且 $n-1=k_i$；而第 i 个结构方程过度识别的条件为 秩$(\Lambda)=n-1$ 且 $n-1<k_i$[71]。

3.2 模型的基本原理

3.2.1 数据增长稳定性的检验原理

数据增长稳定性检验是以多元均值向量推断为基础，现实数据通过多元均值向量推断获得多元均值向量的变动范围，得到多元状态下的检验范围，并以该范围检验现实或未来数据的稳定性，保证现实或未来数据在稳定范围内变动。

（1）现有样本观测值的稳定性检验。

样本向量 $\mathbf{X}_1, \mathbf{X}_2, \cdots, \mathbf{X}_n$ 独立且服从 $N_p(\boldsymbol{\mu}, \boldsymbol{\Sigma})$ 分布，则向量 $\mathbf{X}_j-\overline{\mathbf{X}}$ 均值矩阵及协方差矩阵为：

$$E\left(\mathbf{X}_j-\overline{\mathbf{X}}\right)=\mathbf{0} \tag{3.1}$$

$$Cov\left(\mathbf{X}_j-\overline{\mathbf{X}}\right)=\frac{n-1}{n}\boldsymbol{\Sigma} \tag{3.2}$$

其中 $\boldsymbol{\Sigma}$ 为总体协方差矩阵。

经计算分析知向量 $\sqrt{\frac{n}{n-1}}\left(\mathbf{X}_j-\overline{\mathbf{X}}\right)$ 服从 $N_p(\mathbf{0}, \boldsymbol{\Sigma})$ 分布。而霍特林统计量为：

$$T^2=\sqrt{\frac{n}{n-1}}\left(\mathbf{X}_j-\overline{\mathbf{X}}\right)'\boldsymbol{S}^{-1}\sqrt{\frac{n}{n-1}}\left(\mathbf{X}_j-\overline{\mathbf{X}}\right) \tag{3.3}$$

其中 $\boldsymbol{S}$ 为样本协方差矩阵，且 $\mathbf{X}_j-\overline{\mathbf{X}}$ 与 $\boldsymbol{S}$ 不独立。

为此考虑大样本情形，此时 $\sqrt{\frac{n}{n-1}}$ 趋近于 1，此时霍特林统计量简化为：

$$T^2=\left(\mathbf{X}_j-\overline{\mathbf{X}}\right)'\boldsymbol{S}^{-1}\left(\mathbf{X}_j-\overline{\mathbf{X}}\right) \tag{3.4}$$

该式服从 χ^2 分布。

现实数据的置信区域满足概率分布：

$$P\left\{\left(\mathbf{X}_j-\overline{\mathbf{X}}\right)'\boldsymbol{S}^{-1}\left(\mathbf{X}_j-\overline{\mathbf{X}}\right)\leqslant\lambda\right\}=1-\alpha \tag{3.5}$$

其中 λ 为常数，$1-\alpha$ 为置信度。

在置信水平 $1-\alpha$ 下，假设 H_0: $\underset{p\times1}{\boldsymbol{\mu}}=\underset{p\times1}{\boldsymbol{\mu_0}}$ 成立时，多元现有样本观测值所对应的稳定范围满足关系式：

$$\left(\mathbf{X}_j-\overline{\mathbf{X}}\right)'\boldsymbol{S}^{-1}\left(\mathbf{X}_j-\overline{\mathbf{X}}\right)\leqslant\chi_p^2(\alpha) \tag{3.6}$$

其中 $\chi_p^2(\alpha)$ 是自由度为 p，置信度为 $1-\alpha$ 所对应的 χ^2 值，且 $\chi_p^2(\alpha)=\lambda$。

该关系式形成以 $\overline{\mathbf{X}}$ 为中心，以 $\pm\sqrt{\lambda_i}\sqrt{\chi_p^2(\alpha)}\mathbf{e_i}$ 为各向量分量轴端点的空间图形，其中 $S\mathbf{e_i}=\lambda\mathbf{e_i}, i=1,2,\cdots,p$[72]。

（2）未来观测值的稳定性检验。

设样本向量 $\mathbf{X}_1, \mathbf{X}_2, \cdots, \mathbf{X}_n$ 独立且服从 $N_p(\boldsymbol{\mu},\boldsymbol{\Sigma})$ 的多元正态分布，假设 $\mathbf{X}$ 是与 $\mathbf{X}_1, \mathbf{X}_2, \cdots, \mathbf{X}_n$ 来自相同分布的一个未来观测值，向量 $\mathbf{X}-\overline{\mathbf{X}}$ 的均值矩阵与协方差矩阵分别为：

$$E\left(\mathbf{X}-\overline{\mathbf{X}}\right)=\mathbf{0} \tag{3.7}$$

$$Cov\left(\mathbf{X}-\overline{\mathbf{X}}\right)=\frac{n+1}{n}\boldsymbol{\Sigma} \tag{3.8}$$

其中 $\boldsymbol{\Sigma}$ 为总体协方差矩阵。

$\sqrt{\frac{n}{n+1}}\left(\mathbf{X}-\overline{\mathbf{X}}\right)$ 服从 $N_p(\mathbf{0},\boldsymbol{\Sigma})$ 分布，$\sqrt{\frac{n}{n+1}}\left(\mathbf{X}-\overline{\mathbf{X}}\right)'\boldsymbol{S}^{-1}\sqrt{\frac{n}{n+1}}\left(\mathbf{X}-\overline{\mathbf{X}}\right)$ 是由

多元正态分布 $N_p(\mathbf{0},\boldsymbol{\Sigma})$ 的随机向量与独立的威沙特阵 $W_{p,n-1}(\boldsymbol{\Sigma})$ 相结合而形成，该方程式服从 $\frac{(n-1)p}{n-p}F_{p,n-p}$ 分布。

未来观测值数据的置信区域满足概率分布：

$$P\left\{\frac{n}{n+1}\left(\mathbf{X}-\overline{\mathbf{X}}\right)'\boldsymbol{S}^{-1}\left(\mathbf{X}-\overline{\mathbf{X}}\right)\leqslant\lambda\right\}=1-\alpha \tag{3.9}$$

其中 λ 为常数，$\boldsymbol{S}$ 为样本协方差矩阵，$1-\alpha$ 为置信度。

在置信水平 $1-\alpha$ 下，假设 H_0: $\underset{p\times1}{\boldsymbol{\mu}}=\underset{p\times1}{\boldsymbol{\mu}_0}$ 成立时，由已知样本数据得到关系式：

$$\left(\mathbf{X}-\overline{\mathbf{X}}\right)'\boldsymbol{S}^{-1}\left(\mathbf{X}-\overline{\mathbf{X}}\right)\leqslant\frac{\left(n^2-1\right)p}{n(n-p)}F_{p,n-p}(\alpha) \tag{3.10}$$

其中 $\boldsymbol{S}$ 为样本协方差矩阵，$F_{p,n-p}(\alpha)$ 是自由度为 p 与 $n-p$，置信度为 $1-\alpha$ 的 $\boldsymbol{F}$ 分布所对应的值。

该关系式反映了未来单个观测值的控制域形成以 $\overline{\mathbf{X}}$ 为中心，各向量分量对应的轴为 $\pm\sqrt{\lambda_i}\sqrt{\frac{p\left(n^2-1\right)}{n(n-p)}F_{p,n-p}(\alpha)}\mathbf{e_i}$ 的立体图形，其中 $S\mathbf{e_i}=\lambda\mathbf{e_i}, i=1,2,\cdots,p$ [73]。

（3）未来观测值相互关系检验。

假设 $\mathbf{X}$ 为与 $\mathbf{X}_1,\mathbf{X}_2,\cdots,\mathbf{X}_n$ 来自相同分布的一个未来观测值，$\boldsymbol{C}'$ 为常数矩阵，则向量 $\boldsymbol{C}'\mathbf{X}-\boldsymbol{C}'\overline{\mathbf{X}}$ 对应的均值矩阵为：

$$E\left(\boldsymbol{C}'\mathbf{X}-\boldsymbol{C}'\overline{\mathbf{X}}\right)=\mathbf{0} \tag{3.11}$$

协方差矩阵为：

$$Cov\left(\boldsymbol{C}'\mathbf{X}-\boldsymbol{C}'\overline{\mathbf{X}}\right)=\frac{n+1}{n}\boldsymbol{C}'\boldsymbol{\Sigma}\boldsymbol{C} \tag{3.12}$$

其中 $\sqrt{\frac{n}{n+1}}\left(\boldsymbol{C}'\mathbf{X}-\boldsymbol{C}'\overline{\mathbf{X}}\right)$ 服从分布 $N_p(\mathbf{0},\boldsymbol{C}'\boldsymbol{\Sigma}\boldsymbol{C})$，$\sqrt{\frac{n}{n+1}}\left(\mathbf{X}-\overline{\mathbf{X}}\right)'\boldsymbol{S}^{-1}\sqrt{\frac{n}{n+1}}\left(\mathbf{X}-\overline{\mathbf{X}}\right)$ 是由分布 $N_p(\mathbf{0},\boldsymbol{C}'\boldsymbol{\Sigma}\boldsymbol{C})$ 的随机向量与独立的威沙特阵 $W_{p,n-1}(\boldsymbol{C}'\boldsymbol{\Sigma}\boldsymbol{C})$ 结合而成，该式服从 $\frac{(n-1)p}{n-p}F_{p,n-p}$ 分布。

未来观测值数据的相互关系满足概率分布：

$$P\left\{\frac{n}{n+1}\left(\boldsymbol{C}'\mathbf{X}-\boldsymbol{C}'\overline{\mathbf{X}}\right)'\boldsymbol{S}^{-1}\left(\boldsymbol{C}'\mathbf{X}-\boldsymbol{C}'\overline{\mathbf{X}}\right)\leqslant\lambda\right\}=1-\alpha \tag{3.13}$$

其中 λ 为常数，$\boldsymbol{S}$ 为样本协方差矩阵，$1-\alpha$ 为置信度。

在置信水平 $1-\alpha$ 下，假设 H_0: $\underset{p\times1}{\boldsymbol{\mu}}=\underset{p\times1}{\boldsymbol{\mu_0}}$ 成立时，取 $\boldsymbol{C}'=[1,0,\cdots,0]$，$\boldsymbol{C}'=[0,1,\cdots,0]$，$\cdots$，$\boldsymbol{C}'=[0,0,\cdots,1]$，未来单个变量的稳定区间为：

$$\bar{x}_i-\sqrt{\frac{\left(n^2-1\right)p}{(n-p)}F_{p,n-p}(\alpha)}\sqrt{\frac{s_{ii}}{n}}\leqslant\mu_i\leqslant\bar{x}_i+\sqrt{\frac{\left(n^2-1\right)p}{(n-p)}F_{p,n-p}(\alpha)}\sqrt{\frac{s_{ii}}{n}} \tag{3.14}$$

其中 $\bar{x}_i$ 为向量 $\mathbf{X}_i$ 的样本均值，μ_i 为向量 $\mathbf{X}_i$ 对应的总体均值，s_{ii} 为样本协方差矩阵 $\boldsymbol{S}$ 的第 i 行第 i 列对应的值，$F_{p,n-p}(\alpha)$ 是自由度为 p 与 $n-p$，置信度为 $1-\alpha$ 的 F 分布所对应的值，$i=1,2,\cdots,n$。

取 $\boldsymbol{C}'=[1,-1,0,\cdots,0]$，$\boldsymbol{C}'=[0,1,-1,\cdots,0]$，$\cdots$，$\boldsymbol{C}'=[0,0,\cdots,-1,1]$，两个变量未来均值差之间的关系为：

$$\mu_i-\mu_{i+1}\in\left[\left(\bar{x}_i-\bar{x}_{i+1}\right)\pm\sqrt{\frac{\left(n^2-1\right)p}{(n-p)}F_{p,n-p}(\alpha)}\sqrt{\frac{\boldsymbol{C}_i'\boldsymbol{S}\boldsymbol{C}_i}{n}}\right] \tag{3.15}$$

其中 $\bar{x}_i$、$\bar{x}_{i+1}$ 为向量 $\mathbf{X}_i$、$\mathbf{X}_{i+1}$ 的样本均值，μ_i、μ_{i+1} 为向量 $\mathbf{X}_i$、$\mathbf{X}_{i+1}$ 对应的总体均值，$\boldsymbol{S}$ 为样本协方差矩阵，$F_{p,n-p}(\alpha)$ 是自由度为 p 与 $n-p$，置信度为 $1-\alpha$ 的 F 分布所对应的值，$i=1,2,\cdots,n\text{-}1$ [74]。

3.2.2 支持向量机模型的构建

设训练样本向量为：

$$\left\{\left(x_1,y_1\right),\left(x_2,y_2\right),\ldots,\left(x_k,y_k\right)\right\}\left(x_i\in R^n,y_i\in R,i=1,2,\cdots,k\right) \tag{3.16}$$

其中 k 为训练样本个数。

非线性映射 φ 将变量 $x_1,x_2,\cdots,x_k$ 投射到高维特征空间：

$$\left[\varphi\left(x_1\right),\varphi\left(x_2\right),\cdots,\varphi\left(x_n\right)\right] \tag{3.17}$$

随后转化原非线性模型，得到最优线性回归函数 [75]：

$$f\left(x_j\right)=\mathbf{w}^T\boldsymbol{\varphi}\left(x_j\right)+b \tag{3.18}$$

其中，$\mathbf{w}$ 和 $\boldsymbol{\varphi}(x)$ 均为 m 维向量，且 $\mathbf{w}$ 和 b 均为待辨识的参数。

对式（3.18）中待辨识的参数运用结构风险最小化原则处理，获得式（3.19）的结果：

$$\min R_{\text{str}} = \frac{1}{2}\|\mathbf{w}\|^2 + CR_{\text{emp}} \tag{3.19}$$

其中，R_{str} 为经验风险，$\|w\|^2$ 为置信风险，C 为权重系数，R_{emp} 为误差控制函数。

R_{emp} 的表达式如式（3.20）所示：

$$R_{\text{emp}} = \frac{1}{k}\sum_{i=1}^{k} L_{\varepsilon}\left[x_i, y_i - f(x_i)\right] \tag{3.20}$$

其中，$L_{\varepsilon}\left[x_i, y_i - f(x_i)\right]$ 为损失函数，损失函数一般采用不敏感形式。

其定义如式（3.21）所示：

$$L_{\varepsilon} = \begin{cases} |y - f(x)| - \varepsilon & |y - f(x)| \geqslant \varepsilon \\ 0 & |y - f(x)| < \varepsilon \end{cases} \tag{3.21}$$

根据结构风险最小化原则，求解式（3.19）等价于求解如式（3.22）所示的优化问题 [76]：

$$\begin{gathered} \min R_{\text{str}} = \frac{1}{2}\|\mathbf{w}\|^2 + c\sum_{i=1}^{k}(\xi_i + \xi_i^*) \\ \text{s.t.}\begin{cases} \left[\mathbf{w}^T \boldsymbol{\varphi}(x_i)\right] + b - y_i \leqslant \varepsilon + \xi_i \\ y_i - \left[\mathbf{w}^T \boldsymbol{\varphi}(x_i)\right] - b \leqslant \varepsilon + \xi_i^* \\ \xi_i, \xi_i^* \geqslant 0 \end{cases} \end{gathered} \tag{3.22}$$

其中，ξ_i, ξ_i^* 为松弛变量。

为便于求解，将式（3.22）转化为其对偶形式，并引入两个拉格朗日乘子 α 和 α^*，建立两乘子下的拉格朗日函数，经过变换后的优化问题如式（3.23）所示 [45]：

$$\begin{gathered} \min \frac{1}{2}\sum_{i,j=1}^{k}(\alpha_i^* - \alpha_i)(\alpha_j^* - \alpha_j)K(x_i, x_j) + \varepsilon\sum_{i=1}^{k}(\alpha_i^* + \alpha_i) - \sum_{i=1}^{k} y_i(\alpha_i^* - \alpha_i) \\ \text{s.t.}\begin{cases} \sum_{i=1}^{k}(\alpha_i^* - \alpha_i) = 0 \\ 0 \leqslant \alpha_i^*, \alpha_i \leqslant C\,(i = 1, 2, \cdots, k) \end{cases} \end{gathered} \tag{3.23}$$

其中，$K(x_i,x_j)$ 为内积函数，$K(x_i,x_j)=\varphi(x_i)\cdot\varphi(x_j)$，根据 *Mercer* 条件，定义核函数，使用高斯函数 $K(x_i,x_j)=\exp\left(-\frac{\left\|x_i-x_j\right\|^2}{\sigma^2}\right)$。设对偶问题的解为 $\bar{\alpha}$，则 $\bar{\alpha}=\left(\bar{\alpha}_1,\bar{\alpha}_1^*,\cdots,\bar{\alpha}_i,\bar{\alpha}_i^*,\cdots,\bar{\alpha}_k,\bar{\alpha}_k^*\right)^{\mathrm{T}}$，由此可以得到回归函数：

$$f(x)=\sum_{i=1}^{k}\left(\bar{\alpha}_{i1}^*-\bar{\alpha}_i\right)K(x_i,x)+b \tag{3.24}$$

3.2.3 BP 神经网络模型的构建

BP 神经网络模型的构建包括 BP 神经网络的结构与 BP 神经网络的学习规则两部分，分别从实体框架与算法结构两方面对神经网络模型进行详细阐述。

（1）BP 神经网络结构。

BP 网络神经元模型包括输入与神经元两个部分，一个具有 *R* 个输入的基本的 BP 神经元模型结构。

其中 p_1、p_2、p_3、…、p_R 为输入值，$w_{1,1}$、$w_{1,2}$、$w_{1,3}$、…、$w_{1,R}$ 为权值，Σ 与 *f* 为神经元传递函数，*n* 为处理次数，*b* 为误差项，*a* 为最终处理函数。

BP 网络属于多层网络，其神经元常用的传递函数包括 log-sigmoid 型函数、logsig、tan-sigmoid 函数、tansig 函数以及线性函数 purelin[77]。BP 神经元常用传递函数如图 3.1 所示。

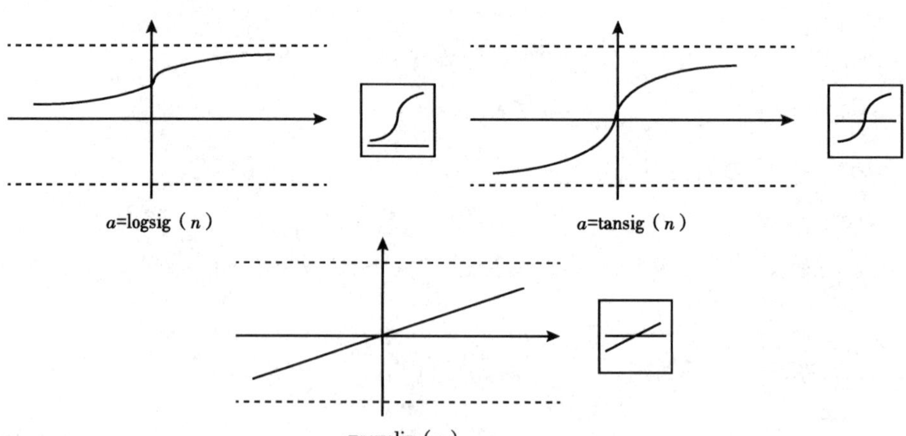

图 3.1　BP 神经元常用传递函数

一个具有 R 分输入，由 S 个 logsig 神经元构成的单层网络如图 3.2 所示。

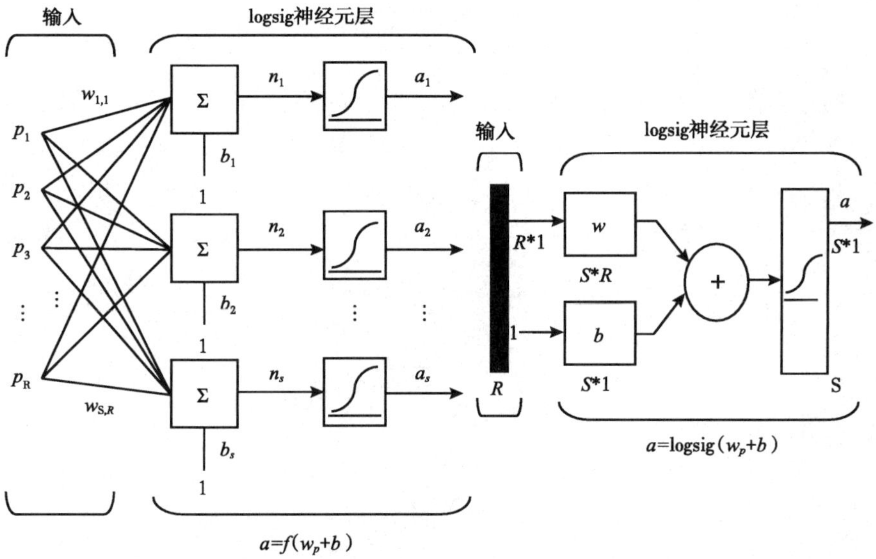

图 3.2　单层 logsig 神经元构成的网络结构

前馈神经网络通常具有一个或多个隐层构成，隐层神经元多为 S 型，并且是由一个线性神经元构成的输出层，如果具有多个非线性传递函数的神经元层，则网络便可以学习非线性关系，这种关系集中体现在输入和输出之间，而输出值则可以在 [−1,+1] 之外取值，这是通过线性输出层实现的。如果需要限制网络输出的值域，那么可以使用 S 型函数作为输出层的输出函数。

（2）BP 神经网络学习规则。

BP 算法的误差沿着一定方向变化，该方向是梯度的反方向，且误差减小最快，BP 算法的迭代计算可以表示为：

$$x_{k+1} = x_k - a_k g_k \tag{3.25}$$

其中，x_k 为当前的权值与偏差，x_{k+1} 为迭代产生的下一次的权值与偏差，为误差函数 g_k 的梯度，a_k 为学习速率。

神经元的输入为 μ，输出为 v，用上标表示神经元所处层，下标表示层中的序号。网络输入训练样本为：

$$\mathbf{X}_k = [\mathbf{X}_{k1}, \mathbf{X}_{k2}, \cdots, \mathbf{X}_{kM}] \tag{3.26}$$

网络算法中信号的传递以前向方式进行，第 1 隐层第 i 个神经元的输入为：

$$\mu_i^I=\sum_{m=1}^{M}w_{mi}x_{km} \tag{3.27}$$

第 1 隐层第 i 个神经元的输出为：

$$v_i^I=f\left(\sum_{m=1}^{M}w_{mi}x_{km}\right) \tag{3.28}$$

第 2 隐层第 j 个神经元的输入为：

$$v_i^I=f\left(\sum_{m=1}^{M}w_{ij}v_i^I\right) \tag{3.29}$$

输出层第 p 个神经元输入为：

$$\mu_p^P=\sum_{j=1}^{J}w_{jp}v_j^J \tag{3.30}$$

输出层第 p 个神经元输出，即网络输出为：

$$y_{kp}=v_p^P=f\left(\sum_{j=1}^{J}w_{jp}v_j^J\right) \tag{3.31}$$

输出层第 p 个神经元的输出误差为：

$$e_{kp}(n)=d_{kp}(n)-y_{kp}(n) \tag{3.32}$$

定义误差能量为 $\frac{1}{2}e_{kp}^2(n)$，输出层所有神经元的误差能量总和为：

$$E(n)=\frac{1}{2}\sum_{p=1}^{P}e_{kp}^2(n) \tag{3.33}$$

误差与信号的传递方向不同，由后向前的方向进行传播，并在传播的过程中，对每层的权值和偏差进行修改[78]。

隐层 j 与输出层 p 之间的权值的调整量与输出相对于期望响应的误差能量对权值的偏微分大小成正比，且符号不同，偏微分为：

$$\frac{\partial E(n)}{\partial w_{jp}(n)}=\frac{\partial E(n)}{\partial e_{kp}(n)}\cdot\frac{\partial e_{kp}(n)}{\partial y_{kp}(n)}\cdot\frac{\partial y_{kp}(n)}{\partial u_p^P(n)}\cdot\frac{\partial u_p^P(n)}{\partial w_{jp}(n)} \tag{3.34}$$

根据式（3.34）可知：

$$\frac{\partial E(n)}{\partial e_{kp}(n)} = e_{kp}(n) \tag{3.35}$$

$$\frac{\partial e_{kp}(n)}{\partial y_{kp}(n)} = -1 \tag{3.36}$$

$$\frac{\partial y_{kp}(n)}{\partial u_p^P(n)} = f'\left[u_p^P(n)\right] \tag{3.37}$$

$$\frac{\partial u_p^P(n)}{\partial w_{jp}(n)} = v_j^J(n) \tag{3.38}$$

由此得偏微分的值为：

$$\frac{\partial E(n)}{\partial w_{jp}(n)} = -e_{kp}(n)\cdot f'\left[u_p^P(n)\right]\cdot v_j^J(n) \tag{3.39}$$

定义局部梯度为：

$$\delta_p^P(n) = -\frac{\partial E(n)}{\partial u_p^P(n)} = e_{kp}(n)\cdot f'\left[u_p^P(n)\right] \tag{3.40}$$

$w_{jp}(n)$的修正量为：

$$\Delta w_{jp}(n) = -\eta\frac{\partial E(n)}{\partial w_{jp}(n)} = \eta\delta_p^P(n)\cdot v_j^J(n) \tag{3.41}$$

隐层j与输出层p的权值[48]：

$$w_{jp}(n+1) = w_{jp}(n) + \Delta w_{jp}(n) \tag{3.42}$$

沿着梯度下降方向调整两隐层i、j的权值，修正结果为：

$$\Delta w_{ij}(n) = -\eta\frac{\partial E(n)}{\partial w_{ij}(n)} = \eta\delta_j^J(n)\cdot v_i^I(n) \tag{3.43}$$

局部梯度$\delta_j^J(n)$定义为：

$$\delta_j^J(n) = -\frac{\partial E(n)}{\partial u_j^J(n)} = -\frac{\partial E(n)}{\partial v_j^J(n)}\cdot\frac{\partial v_j^J(n)}{\partial u_j^J(n)} = -\frac{\partial E(n)}{\partial v_j^J(n)}\cdot f'\left[u_j^J(n)\right] \tag{3.44}$$

将误差能量的定义代入，经过化简后可以求得：

$$\delta_j^J(n)=f'\left[u_j^J(n)\right]\cdot\sum_{p=1}^{P}\delta_p^P(n)\cdot w_{jp}(n) \tag{3.45}$$

权值 $w_{ij}(n)$ 为隐层 i 与隐层 j 之间的下一次迭代值，其值为：

$$w_{ij}(n+1)=w_{ij}(n)+\Delta w_{ij}(n) \tag{3.46}$$

对输入层 m 与隐层 i 的权值进行调整，权值修正量为：

$$\Delta w_{mi}(n)=\eta\delta_i^I(n)\cdot x_{km}(n) \tag{3.47}$$

其中的局部梯度 $\delta_i^I(n)$ 为：

$$\delta_i^I(n)=f'\left[u_i^I(n)\right]\cdot\sum_{j=1}^{J}\delta_j^J(n)\cdot w_{ij}(n) \tag{3.48}$$

传递函数的导数：

$$f'\left[u_i^I(n)\right]=v_i^I(n)\left[1-v_i^I(n)\right] \tag{3.49}$$

$w_{ij}(n)$ 则为输入层 m 与隐层 i 之间下一步迭代的权值。

3.2.4 联立方程模型的构建

将具有相互关系的多个变量形成联立方程，并考虑变量的动态性，形成考虑动态因素的联立方程，选择工具变量，采用两阶段最小二乘法拟合模型的数据。

（1）联立方程模型的结构。

联立方程模型的每一个方程与单一方程形式不同，内生变量与前定变量是其最大的区别，联立方程的内生变量由系统内部决定，其既影响整个联立方程又受整个联立方程的影响[79]。

联立方程模型的结构形式为：

$$\begin{cases}Y_{1t}=\alpha_{12}Y_{2t}+\alpha_{13}Y_{3t}\cdots+\alpha_{1m}Y_{mt}+\beta_{11}X_{1t}+\beta_{12}X_{2t}+\cdots+\beta_{1n}X_{nt}+\varepsilon_{1t}\\Y_{2t}=\alpha_{21}Y_{1t}+\alpha_{23}Y_{3t}\cdots+\alpha_{2m}Y_{mt}+\beta_{21}X_{1t}+\beta_{22}X_{2t}+\cdots+\beta_{2n}X_{nt}+\varepsilon_{2t}\\Y_{3t}=\alpha_{31}Y_{1t}+\alpha_{32}Y_{2t}\cdots+\alpha_{3m}Y_{mt}+\beta_{31}X_{1t}+\beta_{32}X_{2t}+\cdots+\beta_{3n}X_{nt}+\varepsilon_{3t}\\\cdots\qquad\qquad\cdots\qquad\qquad\cdots\\Y_{lt}=\alpha_{l1}Y_{1t}+\alpha_{l2}Y_{2t}\cdots+\alpha_{l,m-1}Y_{m-1}+\beta_{l1}X_{1t}+\beta_{l2}X_{2t}+\cdots+\beta_{ln}X_{nt}+\varepsilon_{lt}\end{cases} \tag{3.50}$$

其中 $Y_{1t},Y_{2t},\cdots,Y_{mt}$ 为具有相互作用的变量，$X_{1t},X_{2t},\cdots,X_{nt}$ 为前定变量，α_{ij},β_{ij} 分别为各相互作用变量与各前定变量的系数，$\varepsilon_{1t},\varepsilon_{2t},\cdots,\varepsilon_{lt}$ 为残差。

（2）联立方程模型的解法。

联立方程模型的变量组之间存在相互作用关系，参数的估计无法直接通过普通最小二乘法实现，对此，两阶段最小二乘法在对联立方程模型的参数估计中具有较好的效果[80]。

引用联立方程中第一个方程，对其进行参数估计，其他方程的估计方法相同，其中第一个方程为：

$$Y_{1t}=\alpha_{12}Y_{2t}+\alpha_{13}Y_{3t}\cdots+\alpha_{1m}Y_{mt}+\beta_{11}X_{1t}+\beta_{12}X_{2t}+\cdots+\beta_{1n}X_{nt}+\varepsilon_{1t} \tag{3.51}$$

该方程中的 $X_{1t},X_{2t},\cdots,X_{nt}$ 为联立方程的外生变量，联立方程中 $Y_{2t},Y_{3t},\cdots,Y_{\mathrm{mt}}$ 与该方程的外生变量 $X_{1t},X_{2t},\cdots,X_{nt}$ 关系为：

$$\begin{cases}Y_{2t}=\pi_{21}X_{1t}+\pi_{22}X_{2t}+\cdots+\pi_{2k}X_{kt}+v_{2t}\\ Y_{3t}=\pi_{31}X_{1t}+\pi_{32}X_{2t}+\cdots+\pi_{3k}X_{kt}+v_{3t}\\ \cdots \qquad \cdots \qquad \cdots\\ Y_{lt}=\pi_{l1}X_{1t}+\pi_{l2}X_{2t}+\cdots+\pi_{lk}X_{kt}+v_{kt}\end{cases} \tag{3.52}$$

该方程的右边只含有外生变量，且外生变量的变动与随机误差项无关，对以上各方程使用最小二乘法，独立估计每个方程的参数，得到各方程的估计形式：

$$\hat{Y}_{it}=\hat{\pi}_{i1}X_{1t}+\hat{\pi}_{i2}X_{2t}+\cdots+\hat{\pi}_{ik}X_{kt} \qquad (i=2,\cdots,m) \tag{3.53}$$

因此实际的 Y_{it} 与估计的 $\hat{Y}_{it}$ 有 $Y_{it}=\hat{Y}_{it}+v_{it}$，随后将该结果代入联立方程组的第一个方程中得到如下形式：

$$Y_{1t}=\alpha_{12}\hat{Y}_{2t}+\alpha_{13}\hat{Y}_{3t}\cdots+\alpha_{1m}\hat{Y}_{mt}+\beta_{11}X_{1t}+\beta_{12}X_{2t}+\cdots+\beta_{1n}X_{nt}+\mu_{1t} \tag{3.54}$$

其中 $\mu_{1t}=\varepsilon_{1t}+\alpha_{12}v_{2t}+\alpha_{13}v_{3t}+\cdots+\alpha_{1m}v_{mt}$

经过转换后获得一个方程，使用普通最小二乘法处理该方程，即可得到方程各参数的估计值，从而得到联立方程组第一个方程的估计形式，联立方程中的其他方程的估计可以采用同样的方法，最后获得整个联立方程的结果。

3.2.5 组合预测模型的构建

基于支持向量机模型、BP 神经网络模型、联立方程模型，构建组合预测模型，经过数学检验过程后，在多元均值向量推断基础之上形成模型的检验方法。

（1）组合预测模型构建过程。

建立的组合预测模型主要的思想是合理排列组合模型的组合顺序，按照特定的模型顺序对不同数据进行不同的处理，获得模型的最优组合。以支持向量机模型与 BP 神经网络模型反应误差的逆向推导过程，以联立方程模型反应供给与需求的关系，将滞后变量运用到联立方程模型中来反应模型的动态性，多元均值向量推断法贯穿于模型的始终并作为数据检验的一种方法。

具体数据处理过程是以支持向量机模型处理供应量数据，BP 神经网络模型处理需求量数据，将各模型处理后的数据作为联立方程模型的初始数据，同时合理选择工具变量，确定联立方程模型的滞后阶数，坚持数据的处理观点，并确定模型的具体操作步骤；另以多元均值向量推断法作为模型数据检验的一种方法，对供给与需求的原始数据、模型拟合后的数据、未来推断的数据以及未来变量之间的相互关系进行检验。其具体步骤如图 3.3 所示。

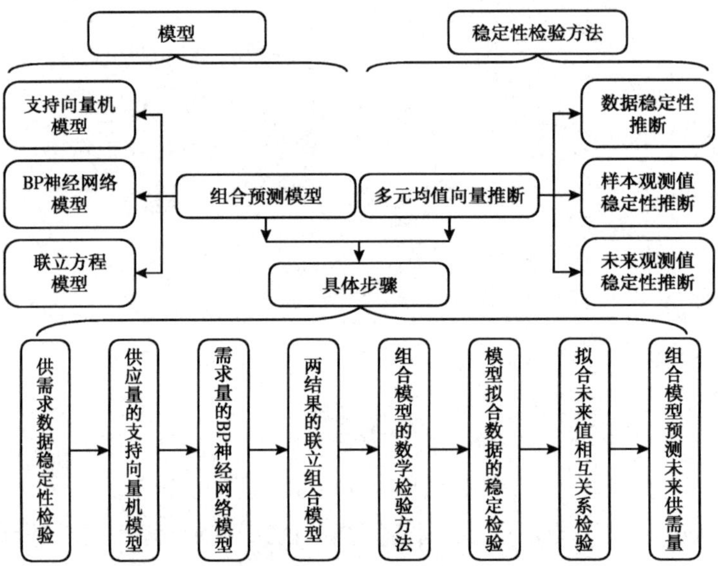

图 3.3　模型构建框架图

（2）组合模型的应用建议。

组合预测模型在对中国石油供给与需求数据的拟合上具有很好的拟合效果，并且在预测未来中国石油供给量与需求量上具有一定的应用性。该拟合及预测效果是通过对主体模型、样本数据及评价方式进行多次尝试的基础上获得的。

① 主体模型方面。

选取已有的模型作为基础模型，合理安排各独立模型的排列顺序，以数据的输入、输出过程将各独立模型链接起来，而各独立的预测模型独立处理输入的数据信息，并将上一模型的预测输出结果作为下一模型的数据输入，模型之间的衔接主要强调的是模型的排列顺序，合理地安排模型的排列顺序便能够改善模型的应用效果，并通过数据的输入与输出过程便能够实现各主体模型的链接。

组合预测模型适用于多种数据的处理过程，能够根据所选取的主体模型的特点，有针对性地对数据进行相应的应用处理，并根据目标达到既定的预测效果，实现对数据的预测。根据组合预测模型的建模思想，建模目标的确定能够使建模过程按照既定要求进行，在既定的建模目标下，主体模型的选取便成为影响建模效果的重要因素，而主体模型多为独立模型，考虑的重点各不相同，通过考察各独立模型的建模重点，将各模型按照特定的特点进行归类，建立模型库，能够更加方便的针对建模目标选取建模的主体模型。

② 样本数据方面。

组合预测模型预测石油供应和需求数据，需要针对具体数据，将其代入由支持向量机模型、BP 神经网络模型及联立方程模型组成的组合预测模型中，不同时间长度的石油供给与需求数据拟合及预测的结果会有很大不同，而鉴于模型在处理长期数据上的优势，因此在拟合石油供给与需求数据时尽量使用大样本数据进行处理。

支持向量机模型、BP 神经网络模型能够处理具有长期趋势、周期趋势、季节趋势的数据，在数据的选取上具有很强的灵活性，数据经过模型的处理之后，数据的原有趋势没有发生很大的变动，而联立方程模型能够处理具有长期趋势的数据，但该方程在处理周期趋势、季节趋势的数据中拟合程度不高，因此组合预测模型在进行数据处理之前需要对数据的趋势进行判断，并主要处理具有长期趋势的数据。

③ 稳定性评价方面。

可以在一定的可信范围内将多元均值向量法应用到预测石油供需关系中，该方法在预测石油的短期供需均值关系中的效果尤为明显，而对石油长期的供需均值关系预测的准确性不高，因此多元均值向量推断法在预测未来石油供需关系中主要是应用于短期石油的供需上，而在处理长期数据的过程中，为保证数据处理的科学性及模型的有效性，可以对短期数据进行滚动性评价，实现对数据变化的长期稳定性评价。

数据的稳定性评价本质是以概率的形式进行推断的，即以一定的置信水平接受数据是否在稳定范围内变化，而置信度的选取能够在很大程度上影响模型的评价效果及置信椭圆的形状，置信椭圆的形状最终直观显示数据的稳定性，因此在进行数据稳定性评价时需要对稳定性评价的置信度进行合理推算，以保证数据稳定性评价的科学性，为此以组合预测模型拟合数据结果的拟合度作为数据稳定性评价的置信度。

3.3 石油供给需求数据稳定性评价

利用支持向量机模型及 BP 神经网络模型在处理大样本数据方面的优势，选取尽可能多的数据应用于组合预测模型之中，初始石油供求数据跨度为 1965 年到 2018 年（表 3.1）。

表 3.1 1965—2018 年中国石油供给与需求数据 单位：10^6t

时间	供给量	需求量	时间	供给量	需求量	时间	供给量	需求量
1965	11.31	10.96	1983	106.07	81.791	2001	164.83	228.403
1966	14.55	14.074	1984	114.61	84.626	2002	166.866	247.522
1967	13.88	13.9	1985	124.9	89.82	2003	169.585	271.722
1968	15.99	15.2	1986	130.69	95.68	2004	174.051	318.883
1969	21.74	20.377	1987	134.14	101.523	2005	181.353	327.837
1970	30.65	28.191	1988	137.05	108.837	2006	184.766	351.25
1971	39.41	38.43	1989	137.64	113.953	2007	186.318	369.282
1972	45.67	44.175	1990	138.31	112.858	2008	190.44	376.034
1973	53.61	53.83	1991	140.99	121.853	2009	189.49	388.177
1974	64.85	61.89	1992	142.04	132.378	2010	203.014	437.746
1975	77.06	68.25	1993	144.03	145.791	2011	202.876	459.373

续表

时间	供给量	需求量	时间	供给量	需求量	时间	供给量	需求量
1976	87.16	78.03	1994	146.08	148.124	2012	207.474	483.663
1977	93.64	82.4	1995	149.02	160.2	2013	209.919	499.706
1978	104.05	91.25	1996	158.52	175.666	2014	211.429	518.144
1979	106.15	91.1	1997	160.13	193.936	2015	214.556	551.88
1980	105.95	85.357	1998	160.18	197.08	2016	199.685	564.029
1981	101.22	81.142	1999	160.22	209.33	2017	192	610
1982	102.12	80.149	2000	162.62	224.215	2018	189.1	651

数据来源：根据《BP 世界能源统计年鉴·2019》整理。

使用多元均值向量推断法推断中国石油供给与需求数据的稳定性，并确定支持向量机模型、BP 神经网络模型及联立方程模型所使用的数据范围。采用现有样本观测值稳定性检验方法对 1965 年到 2018 年中国石油供给与需求数据进行检验。

在二维向量下 $p=2$，取置信度为 99.5%，石油供给量与需求量的均值矩阵和方差矩阵为：

$$\bar{\boldsymbol{x}}=\begin{bmatrix}131.054\\205.760\end{bmatrix} 且 S=\begin{bmatrix}3553.903 & 8952.565\\8952.565 & 31763.604\end{bmatrix}$$

对于现有样本观测值的稳定性，$\chi_2^2(0.005)$ 的值为 10.597，此时对应的特征值与特征向量分别为：

$$\lambda_1=952.61, e_1=\begin{bmatrix}-0.960\\-0.279\end{bmatrix}$$

$$\lambda_2=34364.897, e_2=\begin{bmatrix}0.279\\-0.960\end{bmatrix}$$

则现有样本观测值的稳定范围形成以 $\bar{\boldsymbol{x}}=\begin{bmatrix}131.054\\205.760\end{bmatrix}$ 为中心，长短轴的两端点分别为 $\pm 100.473\begin{bmatrix}-0.960\\-0.279\end{bmatrix}$ 和 $\pm 603.404\begin{bmatrix}0.279\\-0.960\end{bmatrix}$ 的椭圆。使用 SAS 软件作椭圆

曲线，其中 F_3、F_4 分别代表石油供给量、需求量实际值与均值之间的偏差，如图 3.4 所示。

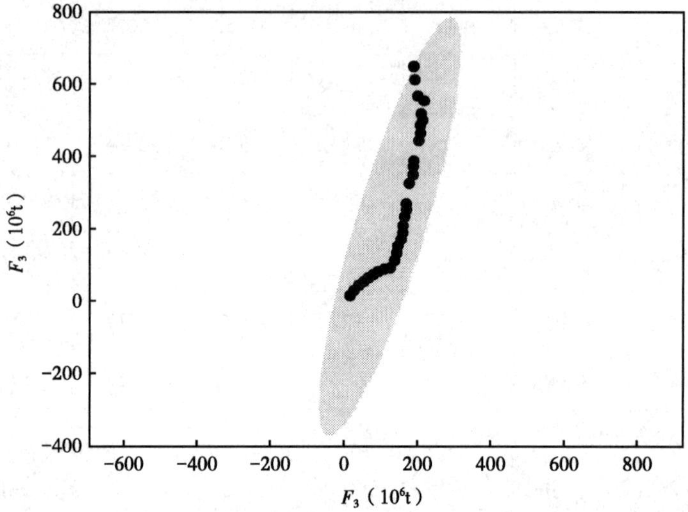

图 3.4　石油供需现值稳定性置信椭圆图

对原始数据检验显示，1965—2018 年中国石油供给与需求的二维向量均处于置信椭圆之内，因此石油供给与需求数据在稳定范围内变动，于是可以将 1965—2018 年中国石油供给与需求数据运用到随后的模型中。

3.4　组合预测模型的应用

将 1965—2018 年中国石油供给量与需求量数据运用到组合预测模型中，对 1965—2018 年中国石油的供给数据与需求数据进行拟合运用。

3.4.1　中国石油供给量预测

以 1965—2018 年中国石油供给量数据为训练数据，运用 MATLAB 软件调用 fitrsvm 支持向量机回归函数代码，为直观展示支持向量机对石油供给量数据的训练效果，对训练前后的数据作图。

训练样本所产生的经验风险对模型的影响程度是由惩罚因子值 C 的大小决定，无论该值太大或太小都会对模型产生不同程度的影响，通过试凑确定 C 值为 0.00001。不敏感系数 ε 值则影响整个模型的实际应用能力及训练的时间，通过不断调整设置支持向量机的不敏感系数为 0.000001。

经过该数据处理过程，石油供给量数据经过训练后能够达到非常好的拟合结果，拟合效果图如图 3.5 所示。

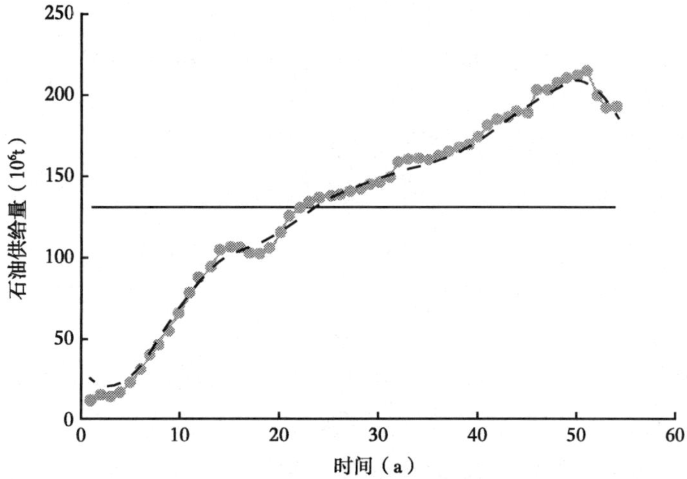

图 3.5　石油供给量支持向量机拟合效果图

从拟合效果图可以看出，石油供给量实际数据与拟合数据相差很小，支持向量机对石油供给量数据训练效果较好。支持向量机为中国石油供给量拟合的值见表 3.2。

表 3.2　支持向量机拟合石油供给数据

年份	供给量（10^6t）	年份	供给量（10^6t）	年份	供给量（10^6t）	年份	供给量（10^6t）
1965	25.3192	1979	101.5709	1993	145.9798	2007	183.7574
1966	20.5221	1980	103.8839	1994	148.3946	2008	187.9978
1967	19.5206	1981	105.8129	1995	150.6443	2009	192.4373
1968	21.87	1982	108.0916	1996	152.5818	2010	197.0491
1969	26.8229	1983	111.1996	1997	154.1718	2011	201.586
1970	33.5965	1984	115.2266	1998	155.5387	2012	205.5474
1971	41.5687	1985	119.8936	1999	156.9399	2013	208.2437

续表

年份	供给量（10^6t）	年份	供给量（10^6t）	年份	供给量（10^6t）	年份	供给量（10^6t）
1972	50.3263	1986	124.7109	2000	158.6775	2014	208.9486
1973	59.5734	1987	129.192	2001	160.9873	2015	207.0964
1974	68.9792	1988	133.0319	2002	163.9551	2016	202.4592
1975	78.0766	1989	136.1835	2003	167.4989	2017	195.2411
1976	86.2865	1990	138.8176	2004	171.4212	2018	186.0542
1977	93.0698	1991	141.2013	2005	175.5079		
1978	98.1318	1992	143.5597	2006	179.6234		

3.4.2 中国石油需求量预测

运用 MATLAB 软件将 1965—2018 年石油需求量数据归一化处理，继而将归一化数据分成 5 个分量，将这 5 个分量作为 BP 神经网络模型的输入向量，利用函数 newff 创建网络，隐层数为 17 个，将 tansig、purelin 作为神经元的传递函数。

BP 神经网络模型能够拟合 1965—2018 年中国石油需求量数据，拟合度较高，可以在图 3.6 中看到预测数据和实际数据相差不大，由图 3.7 可以看到 BP 神经网络模型对石油需求量数据的拟合度达到 99% 以上，图 3.8 显示神经网络经过 11 次迭代后能够达到期望值。

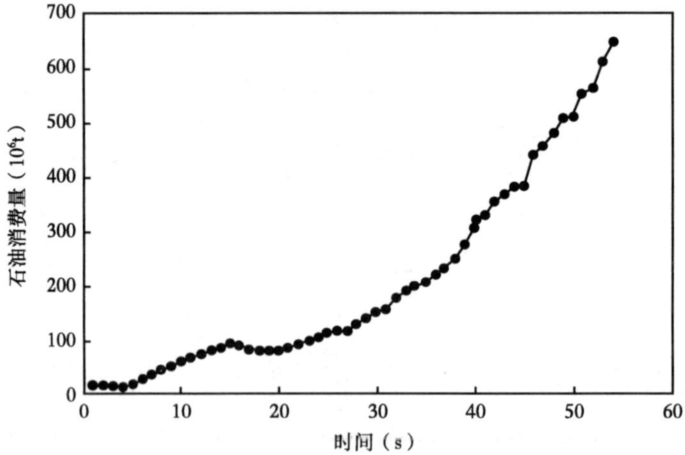

图 3.6　石油需求量 BP 神经网络拟合值与初始值

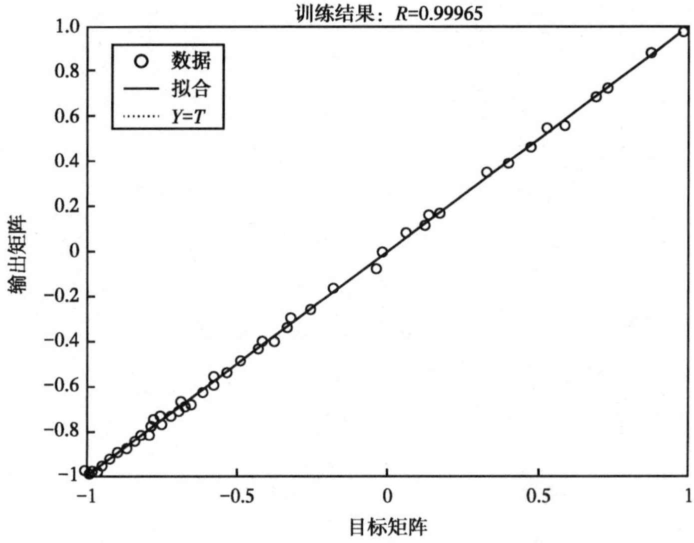

图 3.7　石油需求数据 BP 神经网络模型训练检验结果

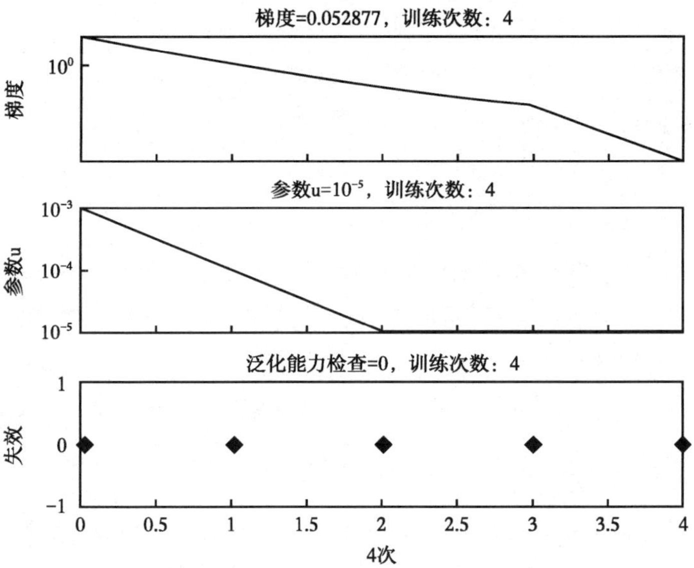

图 3.8　石油需求数据 BP 神经网络训练过程图

1965—2018 年中国石油需求量的 BP 神经网络拟合值见表 3.3。

表 3.3　BP 神经网络拟合石油需求数据

年份	需求量（10^6t）	年份	需求量（10^6t）	年份	需求量（10^6t）	年份	需求量（10^6t）
1965	17.461	1979	92.832	1993	137.999	2007	367.870
1966	14.391	1980	89.637	1994	151.583	2008	382.697
1967	15.629	1981	80.576	1995	155.732	2009	384.011
1968	12.637	1982	80.210	1996	174.722	2010	440.951
1969	15.266	1983	78.598	1997	190.066	2011	455.146
1970	25.467	1984	79.682	1998	202.044	2012	479.093
1971	34.270	1985	82.772	1999	203.999	2013	507.392
1972	44.563	1986	89.527	2000	219.201	2014	508.961
1973	47.855	1987	95.876	2001	232.817	2015	549.142
1974	58.547	1988	101.423	2002	247.650	2016	562.548
1975	65.699	1989	110.434	2003	277.768	2017	612.875
1976	69.566	1990	115.381	2004	305.769	2018	645.688
1977	81.130	1991	112.417	2005	330.343		
1978	82.125	1992	127.932	2006	355.212		

3.4.3　石油供需的组合预测

将支持向量机处理后的石油供给量数据以及 BP 神经网络模型处理后的石油需求量数据作为联立方程模型的初始数据，选择 1965 年数据作为基期数据对供给量与需求量数据进行无量纲化处理，综合考虑供求关系及供求的动态影响，运用两阶段最小二乘法确定联立方程各参数，并进行相应检验，通过检验调整，确定联立方程模型的滞后阶数形式，联立方程的拟合结果为：

$$\begin{cases} S_t = 0.352D_t + 1.302S_{t-1} - 0.367D_{t-1} - 0.332S_{t-2} + 0.441 \\ D_t = 1.075S_t + 1.047D_{t-1} - 1.203S_{t-1} - 0.499 \end{cases}$$

其中 S_t 为 t 时期的石油供给量，D_t 为 t 时期的石油需求量，S_{t-1} 为 t 时期的滞后一期石油供给量，D_{t-1} 表示为 t 时期的滞后一期石油需求量，S_{t-2} 表示 t 时期的滞后二期石油供给量。

对联立方程模型中的两个方程进行检验，结果显示两方程的拟合度都在 99%以上，各参数估计值显著，变量之间的影响作用显著。供给方程与需求方程的两阶段最小二乘检验结果分别见表 3.4、表 3.5。

表 3.4　石油供给数据拟合方程及检验结果

	系数	标准误差	t- 统计量	P 值
C	0.441	0.149	2.831	0.007
D_t	0.352	0.172	2.15	0.038
S_{t-1}	1.302	0.255	10.668	0
D_{t-1}	–0.367	0.789	–2.073	0.045
S_{t-2}	–0.332	0.102	–3.015	0.004
拟合优度	0.996	因变量方差均值		9.906
调整拟合优度	0.997	因变量标准差		4.213
回归标准差	0.238	残差平方和		2.328
F 统计量	3503.49	D–W 统计量		1.9
P 值（F 统计量）	0	二阶回归平方和		3.006

表 3.5　石油需求数据拟合方程及检验结果

	系数	标准误差	t- 统计量	P 值
S_t	1.075	0.754	4.259	0
D_{t-1}	1.047	0.083	45.091	0
S_{t-1}	–1.203	0.385	–4.256	0
C	–0.499	0.236	–2.039	0.048
拟合优度	0.995	因变量方差均值		8.698
调整拟合优度	0.995	因变量标准差		6.846
回归标准差	0.497	残差平方和		10.613
F 统计量	2897.708	D–W 统计量		1.974
P 值（F 统计量）	0	二阶回归平方和		10.613

运用该模型预测中国1965—2018年石油供给量与需求量，并还原数据，获得表3.6的结果。

表3.6　联立方程模型拟合的石油供给数据与需求数据

年份	供给量（10^6t）	需求量（10^6t）	年份	供给量（10^6t）	需求量（10^6t）	年份	供给量（10^6t）	需求量（10^6t）
1965			1983	110.750	74.593	2001	173.273	215.820
1966		13.011	1984	115.466	80.739	2002	180.821	219.726
1967	15.923	11.650	1985	125.606	84.500	2003	184.188	240.214
1968	15.708	14.546	1986	137.000	83.780	2004	194.420	267.080
1969	19.352	19.550	1987	143.169	86.658	2005	184.236	318.941
1970	26.435	27.634	1988	147.286	91.751	2006	197.055	323.209
1971	36.835	34.510	1989	149.460	96.548	2007	198.111	345.273
1972	44.548	41.422	1990	147.748	101.909	2008	195.218	366.717
1973	52.620	48.447	1991	152.074	102.843	2009	201.421	367.807
1974	60.472	61.082	1992	155.253	110.160	2010	213.120	396.209
1975	71.978	69.125	1993	157.056	122.061	2011	216.448	431.696
1976	86.415	71.953	1994	154.881	135.911	2012	216.488	459.431
1977	95.299	77.008	1995	160.489	139.045	2013	217.793	481.970
1978	103.863	84.979	1996	164.498	158.368	2014	220.772	497.450
1979	111.858	83.979	1997	175.411	164.868	2015	227.178	518.291
1980	112.208	81.081	1998	171.222	182.113	2016	221.847	533.865
1981	112.726	70.227	1999	174.374	185.384	2017	216.940	556.213
1982	108.797	72.466	2000	174.916	200.741	2018	205.107	613.595

3.5　石油供需预测数据的稳定性检验

对经过组合模型处理后的数据进行稳定性检验，由于联立方程对数据进行了滞后处理，供给量数据的二阶滞后使得预测的供给量数据从1976年起，需求量数据的一阶滞后使得预测的需求量数据从1966年起，因此在进行石油供需预测数据的稳定性检验时，使用1967年之后的数据。

运用多元均值向量推断现有样本值法，在二维向量下，取置信度为99.5%，石油供给量与需求量的均值矩阵和方差矩阵为：

$$\bar{\boldsymbol{x}}=\begin{bmatrix}143.387\\193.173\end{bmatrix}$$

$$\boldsymbol{S}=\begin{bmatrix}3747.013 & 8529.162\\8529.162 & 28173.995\end{bmatrix}$$

对于现有样本观测值的稳定性，$\chi_2^2(0.005)$的值为 10.597，此时对应的特征值与特征向量分别为：

$$\lambda_1=1063.66,\boldsymbol{e}_1=\begin{bmatrix}-0.954\\-0.300\end{bmatrix}$$

$$\lambda_2=30857.348,\boldsymbol{e}_2=\begin{bmatrix}0.300\\-0.954\end{bmatrix}$$

则现有样本观测值的稳定范围形成以 $\bar{\boldsymbol{x}}=\begin{bmatrix}143.387\\193.173\end{bmatrix}$ 为中心，长短轴的两端点分别为 $\pm106.168\begin{bmatrix}-0.954\\-0.300\end{bmatrix}$ 和 $\pm571.835\begin{bmatrix}0.300\\-0.954\end{bmatrix}$ 的椭圆。使用 SAS 软件作椭圆曲线，其中 F_6、F_7 分别代表石油供给量、需求量实际值与均值的偏差，如图 3.9 所示。

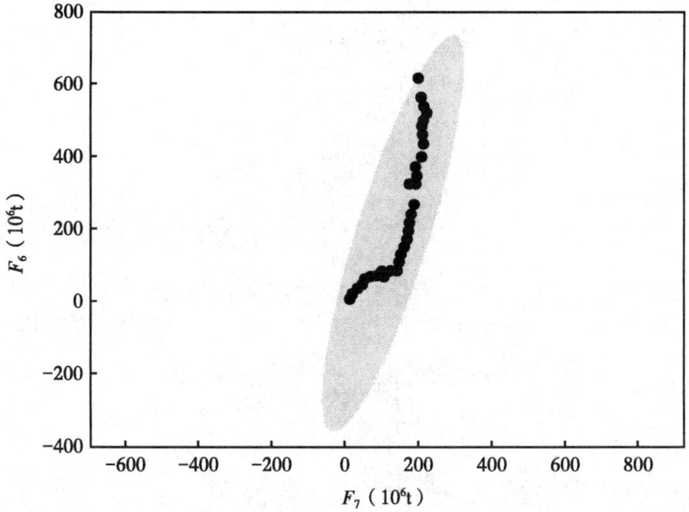

图 3.9　联立方程处理后石油供给数据与需求数据稳定性检验效果图

对组合模型拟合后数据检验显示，经过模型拟合后的数据置信椭圆发生变化，数据变得更加整齐，置信椭圆趋向于将不稳定数据排除在椭圆之外，但是就拟合结果来看，1967—2018 年的预测数据大都处于稳定的范围之内，预测数据的稳定性较好。

3.6 石油供需未来值的预测

3.6.1 石油供需数据未来值稳定性预测

根据原始样本数据，选取 1967 年之后的数据作为输入数据，对未来观察值进行稳定范围估计，取置信度为 99.5%，运用多元均值向量推断现有样本值法，在二维向量下，石油供给量与需求量的均值矩阵和方差矩阵为：

$$\bar{\boldsymbol{x}}=\begin{bmatrix}145.887\\200.264\end{bmatrix}$$

$$\boldsymbol{S}=\begin{bmatrix}3490.640 & 8218.912\\8218.912 & 28039.647\end{bmatrix}$$

对于石油供需数据未来值的稳定性，其中 $\dfrac{\left(52^2-1\right)\times 2}{52\times\left(52-2\right)}F_{2,50}\left(0.005\right)=12.330$，则预测的未来值所对应的特征值与特征向量分别为：

$$\lambda_1=993.076, e_1=\begin{bmatrix}-0.957\\-0.291\end{bmatrix}$$

$$\lambda_2=30537.210, e_2=\begin{bmatrix}0.291\\-0.957\end{bmatrix}$$

则以现有样本预测的未来值的稳定范围形成以 $\bar{x}=\begin{bmatrix}145.887\\200.264\end{bmatrix}$ 为中心，长短轴的两端点分别为 $\pm 102.585\begin{bmatrix}-0.957\\-0.291\end{bmatrix}$ 和 $\pm 568.768\begin{bmatrix}0.291\\-0.957\end{bmatrix}$ 的椭圆。

3.6.2 石油供需数据未来值相互关系预测

根据原始样本数据，选取 1967 年之后的数据作为输入数据，对未来变量值之间的关系进行估计，其中取所检验数据的置信度为99.5%，在二维向量下，石油供给量与需求量的均值矩阵和方差矩阵为：

$$\bar{\boldsymbol{x}}=\begin{bmatrix}145.887\\200.264\end{bmatrix}$$

$$\boldsymbol{S}=\begin{bmatrix}3490.640 & 8218.912\\8218.912 & 28039.647\end{bmatrix}$$

石油供需数据未来值之间的相互关系，$\dfrac{\left(52^2-1\right)\times 2}{52\times\left(52-2\right)}F_{2,50}\left(0.005\right)=12.330$，取 $\boldsymbol{C}'=\begin{bmatrix}1 & 0\end{bmatrix}$，得 $\boldsymbol{\mu}_1\in\left[101.022,190.752\right]$，取 $\boldsymbol{C}'=\begin{bmatrix}0 & 1\end{bmatrix}$ 得 $\boldsymbol{\mu}_2\in\left[57.105,343.423\right]$，取 $\boldsymbol{C}'=\begin{bmatrix}1 & -1\end{bmatrix}$，得 $\boldsymbol{\mu}_1-\boldsymbol{\mu}_2\in\left[-114.199,5.448\right]$。

因此，对于单个观测变量来说，用现有样本数据预测的未来单个值的变动范围供给量为 $\boldsymbol{\mu}_1\in\left[101.022,190.752\right]$，需求量为 $\boldsymbol{\mu}_2\in\left[57.105,343.423\right]$，而供给量与需求量之差为 $\boldsymbol{\mu}_1-\boldsymbol{\mu}_2\in\left[-114.199,5.448\right]$。

3.6.3 石油供需未来值预测

运用组合预测模型预测2019年到2050年中国石油供需量，获得的数据结果见表3.7。

表3.7 组合预测模型预测的中国石油供给数据与需求数据

年份	供给量（10^6t）	需求量（10^6t）	年份	供给量（10^6t）	需求量（10^6t）
2019	232.376	708.280	2035	1499.798	3402.152
2020	284.585	743.628	2036	1562.433	3507.255
2021	348.983	782.018	2037	1627.673	3616.495
2022	427.852	874.928	2038	1695.585	3701.065
2023	524.381	982.285	2039	1766.242	3789.152
2024	642.509	1103.668	2040	1839.747	3893.209
2025	787.053	1248.424	2041	1916.224	3822.364
2026	963.914	1417.636	2042	1995.617	3802.360
2027	1180.310	1616.152	2043	2078.052	3754.660

续表

年份	供给量（10^6t）	需求量（10^6t）	年份	供给量（10^6t）	需求量（10^6t）
2028	1209.006	1849.857	2044	2163.620	3684.000
2029	1193.626	2051.537	2045	2252.416	3598.897
2030	1228.168	2256.242	2046	2119.300	3520.467
2031	1275.583	2424.321	2047	2070.876	3447.013
2032	1327.587	2630.182	2048	2042.597	3408.559
2033	1382.427	2877.675	2049	2019.255	3378.914
2034	1439.820	3145.023	2050	1997.268	3351.918

3.7 中国石油供需模型评述及预测值分析

使用支持向量机模型对中国石油供给量进行模拟，采用BP神经网络模型对中国石油需求量进行模拟，然后用联立方程模型模拟两者的结果，结果表明，组合预测模型具有良好的拟合效果。使用拟合模型预测2019—2050年中国石油供应与需求，得到如图3.10所示变动情况。

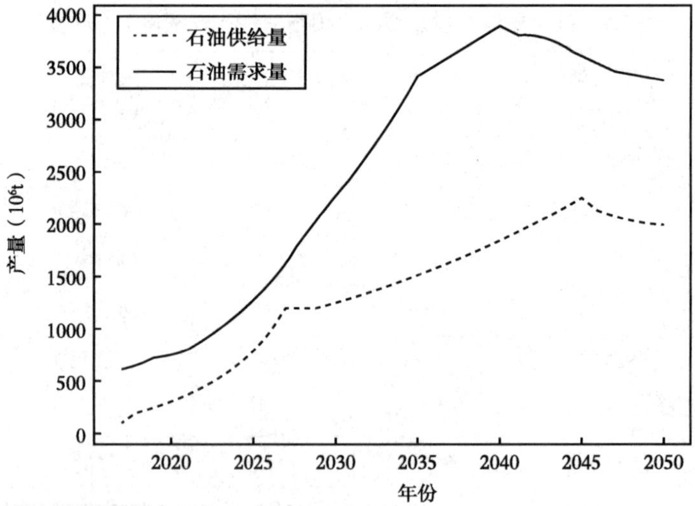

图3.10　组合预测模型预测的2019—2050年中国石油供需数据变动图

预测结果显示：从长期来看，中国的石油供给与需求都处于先增长，到达峰值后缓慢下降的过程；在到达峰值之前，中国石油供给量增速较慢，中国石油需求量增速较快；石油供给量增长速度变动幅度较小，石油需求量增长速度变动幅度较大；石油供应和需求之间的差距越来越大；短期内，中国石油的供给与需求的缺口在（4~5）$\times 10^8$t，中国所需的石油由2013年的3/5以上需要进口变动为2/3以上需要进口；中国石油供需总量差额虽然较短期内显著增大，但预计需求量在2040年前后达到峰值38.2$\times 10^8$t，供给量在2045年前后达到峰值22.5$\times 10^8$t。2050年，预测的中国石油供给量为20$\times 10^8$t，中国石油需求量为33.5$\times 10^8$t，供需缺口为13.2$\times 10^8$t。

第4章 低碳经济下中国石油工业国际竞争力评价

4.1 石油工业国际竞争力评价指标体系构建

4.1.1 石油工业国际竞争力评价指标体系构建的原则

（1）科学性原则。科学完善的产业国际竞争力评价指标体系既是评价某一产业国际竞争力水平的依据，又能衡量结果是否客观公正。在参考相关文献后，本书主要遵循以下原则：获得有价值的评估结果需要以设计科学而又恰当的指标体系为前提。评价指标的选择首要符合产业国际竞争力的科学涵义，以此为基础从影响产业竞争力的众多因素中选取具有代表性的关键影响因素。

（2）系统性原则。石油工业是一个复杂的多元系统，指标体系的设计应充分考虑外部环境因素和内在影响因素，能够在不同程度上反映石油工业竞争力的各方面信息，由此才能较为完整地体现石油工业的国际竞争水平。

（3）针对性原则。是指在建立评价指标体系时应考虑到所研究问题的特殊性，有针对性的根据石油工业的实际情况、相关特点、背景环境等进行设计，以求能够凸显当前各国石油工业在全球的竞争力情况。

（4）可行性原则。除要保证设置的指标可以量化外，还要尽可能确保指标数据能够从官方统计资料或其他途径搜集到。由于统计分析的需要，评价指标体系中的指标应尽量达到数据的可量化标准，避免利用大量的软性评价指标，符合产业现在公布、核算的指标标准。

（5）重要性原则。评价某一产业国际竞争力的指标数量纷繁，不同的指标反映的角度和内容不同，但应从对竞争力影响的重要性，即贡献程度考虑，选取能够刻画产业国际竞争力重要和核心方面的关键指标。

4.1.2 低碳经济下石油工业国际竞争力评价指标体系的选择

（1）规模实力。为了比较石油工业综合竞争能力，首先要看其现在具有的竞争实力，具体体现在整个石油工业运行规模和生产能力。选取石油产量、天然气产量、原油加工量、炼厂产能、总资产、总收入 6 个二级指标对石油工业规模实力进行考量。

（2）发展潜力。由于石油、天然气等资源是不可再生的，在世界上分布又极其不均衡，势必造成世界各国的石油工业发展潜力具有迥异的竞争优势。该准则层主要由以下 6 个指标组成：石油储量、天然气储量、石油储产比、天然气储产比、石油剩余可采储量和天然气剩余可采储量。

（3）管理能力。只有在高效运营管理之下，最终将资产转化为盈利，才能保障石油工业更好更快的发展势头。通过产业中的组织管理转变为竞争优势的强弱，反映管理能力的强弱。选取净利润、资本利润率、销售利润率、利润增长率和劳动生产率 5 个代表性指标对石油工业管理能力进行评估。

（4）外部环境。影响石油工业国际竞争力的因素中除了产业内部因素外，一国经济、贸易等外部因素也会起到至关重要的作用。选取 GDP 年增长率、通货膨胀率、人均 GDP、国际贸易年增长率、全球竞争力指数 5 个二级指标分析石油工业的外部环境。

（5）低碳化水平。低碳发展的热潮使得国内以及国际上衡量低碳经济水平的指标越来越多，引入下列 4 个二级指标对低碳化水平进行衡量：二氧化碳排放量、二氧化碳排放强度、清洁能源消费比、二氧化碳能源排放强度。

在前述原则指导下，结合产业国际竞争力的基础理论和低碳经济大背景，借鉴已有指标体系研究成果，引入低碳化水平二级指标，最终建立由 5 类二级指标构成的低碳经济下石油工业国际竞争力指标体系，见表 4.1。

表 4.1　石油工业国际竞争力评价指标体系

<table>
<tr><th>目标层</th><th>准则层</th><th>指标层</th></tr>
<tr><td rowspan="5">低碳经济下我国石油工业国际竞争力</td><td>规模实力 X1</td><td>X11 石油产量（10^6t）
X12 天然气产量（$10\times10^8m^3$）
X13 原油加工量（10^4t）
X14 炼厂产能（10^3bbl/d）
X15 总资产（百万美元）
X16 总收入（百万美元）</td></tr>
<tr><td>发展潜力 X2</td><td>X21 石油储量（10×10^8t）
X22 天然气储量（$10^{12}m^3$）
X23 石油剩余可采储量（10^6t）
X24 天然气剩余可采储量（$10\times10^8m^3$）
X25 石油储产比（年）
X26 天然气储产比（年）</td></tr>
<tr><td>管理能力 X3</td><td>X31 净利润（百万美元）
X32 销售利润率（%）
X33 资本利润率（%）
X34 利润增长率（%）
X35 劳动生产率（%）</td></tr>
<tr><td>外部环境 X4</td><td>X41 GDP 年增长率（%）
X42 通货膨胀率（%）
X43 人均 GDP（美元）
X44 国际贸易年增长率（%）
X45 全球竞争力指数</td></tr>
<tr><td>低碳化水平 X5</td><td>X51 二氧化碳排放量（10^4t 碳）
X52 二氧化碳排放强度（10^4t/ 十亿美元）
X53 清洁能源消费比（%）
X54 二氧化碳能源排放强度（10^4t/10^6t 油当量）</td></tr>
</table>

4.2　低碳经济下石油工业国际竞争力评价方法

为更好地反映研究问题的真实情况，在选择指标时就需要尽量包含研究问题各个方面，这就带来了两个问题，一是指标数量众多，二是指标之间可能存在不同程度的关联，那么指标所体现的内容不可避免地存在交叉重复现象。主成分分析法把原始的大量指标通过降维，形成一系列综合性指标，而新的指标之间毫无关联，再从中提炼出能够基本包含原来指标内容的少数几个主成分，由此很好地解决了这一困惑。应用 SPSS17.0 中主成分分析法评价竞争力时，按照下面 5 个步骤。

（1）指标原始数据的标准化。

最初收集到的数据对应指标的基本属性往往不一样，直接对这些指标进行比较会造成计算结果的不准确，所以在分析之前非常有必要将指标的基本属性趋于统一，一般采用“标准差标准化法”。该过程由 SPSS 软件完成。

（2）计算样本相关系数并得到其矩阵。

计算指标去除差异后的数据之间的相关系数矩阵 $\boldsymbol{R}$，见式（4.1）：

$$\boldsymbol{R}=\begin{bmatrix} r_{11} & r_{12} & \cdots & r_{1p} \\ r_{21} & r_{22} & \cdots & r_{2p} \\ \cdots & \cdots & \cdots & \cdots \\ r_{p1} & r_{p2} & \cdots & r_{pp} \end{bmatrix} \tag{4.1}$$

其中，$r_{ij}(i,j=1,2,\cdots p)$ 是原变量 X_i 与 X_j 的相关系数，且 $r_{ij}=r_{ji}$，见式（4.2）：

$$r_{ij}=\frac{\sum_{k=1}^{n}\left(\mathrm{X}_{ki}-\overline{\mathrm{X}_i}\right)\left(\mathrm{X}_{kj}-\overline{\mathrm{X}_j}\right)}{\sqrt{\sum_{k=1}^{n}\left(\mathrm{X}_{ki}-\overline{\mathrm{X}_i}\right)^2\sum_{k=1}^{n}\left(\mathrm{X}_{kj}-\overline{\mathrm{X}_j}\right)^2}} \tag{4.2}$$

原始指标之间的相关性越高，越符合主成分分析前提，可以直接通过 KMO 检验值进行判断。KMO 检验值越趋近于 0，原始指标就越不适合做主成分分析，反之越趋近于 1 就适合做主成分分析。

（3）运算 $\boldsymbol{R}$ 的特征值，得出相应的特征向量。

由 $\boldsymbol{R}$ 的特征方程 $|\lambda\boldsymbol{I}-\boldsymbol{R}|=0$，（其中 $\boldsymbol{I}$ 是 $p\times p$ 阶单位矩阵），可以解求出 p 个特征值，再按从高到低次序排列：$\lambda_1\gg\lambda_2\cdots\gg\lambda_p\gg 0$。最后求出对应每个特征值 λ_i（$i=1,2,\cdots,p$）的单位特征向量，见式（4.3）：

$$\vec{\partial_1}=\begin{pmatrix} a_{11} \\ a_{12} \\ \cdots \\ a_{1p} \end{pmatrix},\quad \vec{\partial_1}=\begin{pmatrix} a_{21} \\ a_{22} \\ \cdots \\ a_{2\mathrm{p}} \end{pmatrix},\ldots,\quad \vec{\partial_1}=\begin{pmatrix} a_{\mathrm{p}1} \\ a_{\mathrm{p}2} \\ \cdots \\ a_{pp} \end{pmatrix} \tag{4.3}$$

（4）确定主成分的个数。

计算特征值 λ_i（$i=1,2,\cdots,p$）的贡献率与累积贡献率。称

$$b_{\mathrm{i}}=\frac{\lambda_k}{\sum_{i=1}^{p}\lambda_i}\qquad (i=1,2,\cdots,p) \tag{4.4}$$

为第 i 主成分（$i=1,2,\cdots,p$）的方差贡献率；

$$a_k = \frac{\sum_{i=1}^{k}\lambda_i}{\sum_{i=1}^{p}\lambda_i} \qquad (k=1,2,\ldots,p) \tag{4.5}$$

是前面 k 个主成分经过依次累加得到的总方差贡献率。

b_i 值越高，表明 $X_1,X_2,\cdots,X_p$ 越能反映信息量。一般 a_k 值高于 75% 时，就可以说前面 k 个主成分大体涵盖了原来所有衡量指标的内容，这样重新使用 k 个指标取代最初 p 个指标，既保证信息不失真又减少了指标个数。

（5）计算每一个主成分的分数及其综合评价值。

综合评价值由公式（4.6）进行计算：

$$F^{(i)} = W_1F_1^{(i)} + W_2F_2^{(i)} + \cdots + W_jF_j^{(i)}, \quad i=1,2,\cdots,n; j=1,2,\cdots,p \tag{4.6}$$

其中，$F_j^{(i)}$ 是样本 i 在第 j 个主成分上得到的分数，$W_j = \lambda_j / \sum_{j=1}^{p}\lambda_j$ 是第 j 个主成分在所有主成分中的比重即权重。

通过学习相关学者主成分分析法的应用研究，为更好地分析中国石油工业在各个方面的竞争优势和劣势，在比较不同国家石油工业的竞争水平时，按照建立的指标体系，对 5 大类二级指标依次做主成分分析，再由 5 大要素的综合得分，得到各研究对象石油工业综合竞争力的得分。

考虑到数据的完整性和可得性，选取美国、中国、加拿大等 7 个具有代表性的国家作为研究对象，数据来源于《BP 世界能源统计年鉴》《国际石油经济》《世界经济统计与预测》《石油情报周刊》国研网、各公司年报等资料，其中总资产、总收入、净利润、资本利润率、销售利润率、利润年增长率和劳动生产率指标是由该国代表性石油公司数据加和作为该国整体水平，这些公司都是 2019 年世界前 50 的石油公司。收集到的原始数据见表 4.2。

表 4.2　原始数据

国家 / 指标	中国	美国	加拿大	英国	俄罗斯	巴西	挪威
X11	211.4	519.9	209.8	39.7	534.1	122.1	85.6
X12	134.5	728.3	162	36.6	578.7	20	108.8
X13	37710	90123.8	10037.5	7008.5	27500	9586.6	1595
X14	14098	17791	1965	1368	6338	2235	316

续表

国家 指标	中国	美国	加拿大	英国	俄罗斯	巴西	挪威
X15	810733	956595	120589	496281	595630	298688	132759
X16	905896	717741	51783	610026.5	359085	126971	83836
X21	227.27	203.45	273.53	200	231.15	230	200
X22	194.44	188.46	181.82	200	187.36	250	190
X23	2515.66	5926.86	20980	389.06	13940.01	2673.99	1617.84
X24	3456.65	9759.22	2025	241.56	32638.68	1082	2513.28
X25	0.41	0.62	2.04	0.57	3.61	6.78	0.60
X26	0.73	0.96	1.55	0.55	1.41	0.53	2.75
X31	33702	53700	5714	9635	29486	–8127	2948
X32	26.89	23.81	20.09	–21.00	49.90	–6.95	5.75
X33	13.63	71.91	26.66	1.16	111.72	–6.40	3.52
X34	–35.87	7344.67	22.09	–294.06	–109.61	–181.16	–55.07
X35	2.80	4.37	–8.73	–15.84	–24.51	–26.21	–55.36
X41	7.27	2.39	2.44	2.94	0.64	0.14	2.21
X42	1.99	1.61	1.90	1.46	7.82	6.33	2.03
X43	7589	54596.65	50397.86	45653.41	12925.96	11604.47	97013.26
X44	13.5	7.18	7.11	2.20	–7.54	–4.36	–10.37
X45	4.89	5.54	5.24	5.41	4.37	4.34	5.35
X51	9510.17	5751.13	595.81	452.99	1597.75	538.87	42.41
X52	0.92	0.33	0.33	0.15	0.86	0.23	0.08
X53	10.85	13.66	34.45	15.38	11.78	34.63	67.45
X54	3.20	2.50	1.79	2.41	2.34	1.82	0.91

4.3 低碳经济下中国石油工业准则层的主成分分析

4.3.1 规模实力的主成分分析

（1）主成分方差贡献率。

KMO 检验值是 0.505，可以判断该组数据适合做主成分分析。从表 4.3 可以看出，主成分 1、2 特征值都比 1 大并且累积得到的总方差贡献率高达 95.367%，即主成分 1、2 基本反映了原来 6 个指标的绝大部分内容。

表 4.3　解释的总方差

成分	初始状态			旋转后提取的主成分		
	特征值	方差贡献率	累积值	特征值	方差贡献率	累积值
1	4.602	76.702	76.702	2.938	48.967	48.967
2	1.120	18.665	95.367	2.784	46.400	95.367
3	0.188	3.131	98.498			
4	0.065	1.087	99.586			
5	0.021	0.344	99.930			
6	0.004	0.070	100.000			

（2）成分载荷。

由表 4.4 可知，炼厂产能、总资产、总收入在主成分 1 上载荷较高，主要反映石油工业生产规模；主成分 2 主要综合石油产量、天然气产量、原油加工量，体现了该工业的产能实力。主成分 1、2 中各指标相应的系数计算过程如下：先对表 4.2 中的主成分 1、2 的特征值开平方，得到的数值再分别被表 4.4 中的主成分 1、2 数据相除。经计算得到主成分 1、2 特征向量见表 4.5。

表 4.4　旋转成分载荷矩阵

指标	主成分 1	主成分 2
石油产量（10^6t）	0.206	0.957
天然气产量（10×10^8m^3）	0.239	0.958
原油加工量（10^4t）	0.658	0.697
炼厂产能（10^3bbl/d）	0.810	0.528
总资产（百万美元）	0.888	0.429
总收入（百万美元）	0.980	0.047

表 4.5 主成分特征向量

指标	主成分 1	主成分 2
石油产量（10^6t）	0.096	0.904
天然气产量（$10 \times 10^8 m^3$）	0.111	0.905
原油加工量（10^4t）	0.307	0.659
炼厂产能（10^3bbl/d）	0.378	0.499
总资产（百万美元）	0.414	0.405
总收入（百万美元）	0.457	0.044

（3）评价分值计算。

进一步求出表 4.5 中主成分 1、2 特征向量值和对应指标无量纲化数据的乘积，即如下两个表达式所示：

$$F1=0.096\times 11+0.111\times 12+0.307\times 13+0.378\times 14+0.414\times 15+0.457\times 16 \quad (4.7)$$

$$F2=0.904\times 11+0.905\times 12+0.659\times 13+0.499\times 14+0.405\times 15+0.044\times 16 \quad (4.8)$$

经过上面式子计算出 F1、F2 后，还需要由表 4.2 计算权重才能得到主成分综合评价值模型，见式（4.9），权重即旋转后的主成分 1、2 的方差贡献率在最后累积值中的比重。

$$F=(48.967F1+46.4F2)/95.367=0.5135F1+0.4865F2 \quad (4.9)$$

最后由公式（4.9），计算出各国规模实力的综合评价值及排名，汇总见表 4.6。

表 4.6 规模实力的综合评价值

国家	主成分 1	主成分 2	综合得分	排名
中国	1.5558	0.7387	1.1583	3
美国	2.5925	5.5698	4.0409	1
加拿大	−1.3951	−1.8818	−1.6319	5
英国	−0.3610	−2.3466	−1.3270	4
俄罗斯	0.3529	2.4965	1.3958	2
巴西	−1.1547	−2.2221	−1.6740	6
挪威	−1.5905	−2.6216	−2.0921	7

由表4.6可知，反映生产规模的主成分1中，排名前三的依次是美国、中国、俄罗斯；反映石油工业产能实力的主成分2中，美国仍然领先，随后是俄罗斯和中国；最终在规模实力的综合得分中，美国居首，俄罗斯次之，中国第三，最后两名是巴西和挪威。

4.3.2 发展潜力的主成分分析

（1）主成分方差贡献率。

由KMO检验值0.596可知，这组指标数据能用来做主成分分析。表4.7显示，主成分1、2的特征值都比1大，它们最终的累积方差贡献率为81.300%，也就是说这两个主成分大致概括了这组变量的主要内容，故提取主成分1、2。

表4.7 解释的总方差

成分	初始状态			旋转后提取的主成分		
	特征值	方差贡献率	累积值	特征值	方差贡献率	累积值
1	2.988	49.797	49.797	2.835	47.251	47.251
2	1.890	31.503	81.300	2.043	34.049	81.300
3	0.978	16.299	97.599			
4	0.126	2.100	99.699			
5	0.016	0.262	99.960			
6	0.002	0.040	100.000			

（2）成分载荷。

由表4.8可知，主成分1在石油储量、石油剩余可采储量、石油储产比上载荷较大，说明主成分1主要表达石油行业的资源保障程度、开发潜力，而天然气储量、天然气剩余可采储量在主成分2上占据较大载荷，说明主成分2重点体现天然气行业资源保障程度和开发潜力。进一步计算得到主成分特征向量，见表4.9。

表4.8 旋转成分载荷矩阵

指标	主成分1	主成分2
石油储量（10×10^8t）	0.924	0.020
天然气储量（10^{12}m^3）	−0.359	−0.285
石油剩余可采储量（10^6t）	0.936	0.315
天然气剩余可采储量（10^9m^3）	0.075	0.982
石油储产比	0.985	−0.140
天然气储产比	0.031	0.936

表 4.9 主成分特征向量

指标	主成分 1	主成分 2
石油储量（10×10^8t）	0.549	0.014
天然气储量（$10^{12}m^3$）	–0.213	–0.199
石油剩余可采储量（10^6t）	0.556	0.220
天然气剩余可采储量（$10\times10^8m^3$）	0.045	0.687
石油储产比	0.585	–0.098
天然气储产比	0.018	0.655

（3）评价分值计算。

计算出表 4.9 中主成分 1、2 特征向量值和对应指标无量纲化值的乘积，即如下两个表达式所示：

$$F1=0.549\times 21-0.213\times 22+0.556\times 23+0.045\times 24+0.585\times 25+0.018\times 26 \quad (4.10)$$

$$F2=0.014\times 21-0.199\times 22+0.220\times 23+0.687\times 24-0.098\times 25+0.655\times 26 \quad (4.11)$$

由上面式子计算出 F1、F2 后，同理赋予权重后得出主成分的综合评价模型：

$$F=(47.251F1+34.049F2)/81.300=0.5812F1+0.4188F2 \quad (4.12)$$

最后根据公式（4.12），计算得到各国发展潜力的综合评价值及名次，汇总见表 4.10。

表 4.10 发展潜力综合评价值

国家	主成分 1	主成分 2	综合得分	排名
中国	–0.4739	–0.1338	–0.3315	3
美国	–0.6696	–0.1126	–0.4363	4
加拿大	3.4925	–0.3484	1.8839	1
英国	–1.3202	–1.2034	–1.2713	7
俄罗斯	0.8969	3.1713	1.8494	2
巴西	–0.8015	–0.8690	–0.8298	5
挪威	–1.1243	–0.5040	–0.8645	6

由表 4.10 可以看出，在反映石油行业的资源保障程度和开发潜力的主成分 1 中，加拿大名列前茅，其次是俄罗斯，中国第三，在反映天然气行业资源保障程

度和开发潜力的主成分2中，俄罗斯领先，其次是美国，中国第三，最终在发展潜力方面，加拿大第一，俄罗斯第二，中国第三，挪威、英国位于最末两位。

4.3.3 管理能力的主成分分析

（1）主成分方差贡献率。

由得到的KMO检验值0.638，可以判断该组指标数据适宜做主成分分析。从表4.11可以看出，主成分1、2的特征值都比1大，并且它们最终的累积方差贡献率为83.724%，意味着主成分1、2就可以包含原来5个变量的重要内容，故选择主成分1、2。

表4.11 解释的总方差

成分	初始状态			旋转后提取的主成分		
	特征值	方差贡献率	累积值	特征值	方差贡献率	累积值
1	3.066	61.329	61.329	2.101	42.030	42.030
2	1.120	22.396	83.724	2.085	41.695	83.724
3	0.554	11.085	94.809			
4	0.150	2.998	97.807			
5	0.110	2.193	100.000			

（2）成分载荷。

由表4.12可知，主成分1在综合资本利润率、销售利润率上载荷较大，主要体现管理效率，主成分2在综合净利润、利润增长率、劳动生产率上载荷较大，主要反映盈利水平，同理可进一步计算得到主成分特征向量，见表4.13。

表4.12 旋转成分载荷矩阵

指标	主成分1	主成分2
净利润（百万美元）	0.563	0.773
资本利润率（%）	0.947	0.117
销售利润率（%）	0.922	0.238
利润增长率（%）	0.180	0.842
劳动生产率（%）	0.067	0.841

表 4.13 主成分特征向量

指标	主成分 1	主成分 2
净利润（百万美元）	0.388	0.535
资本利润率（%）	0.653	0.081
销售利润率（%）	0.636	0.165
利润增长率（%）	0.124	0.583
劳动生产率（%）	0.046	0.582

（3）评价分值计算。

计算出表 4.13 中主成分 1、2 特征向量值和对应指标无量纲化值的乘积，即如下两个表达式所示：

$$F1=0.388\times 31+0.653\times 32+0.636\times 33+0.046\times 34+0.124\times 35 \quad (4.13)$$

$$F2=0.535\times 31+0.081\times 32+0.165\times 33+0.582\times 34+0.583\times 35 \quad (4.14)$$

由上面式子计算出 F1、F2，再用同样的方式赋予权重，得到主成分的综合评价模型：

$$F=(42.030F1+41.694F2)/83.724=0.5020F1+0.4980F2 \quad (4.15)$$

最后由式（4.15），运算出各国管理能力综合评价值及排名，汇总见表 4.14。

表 4.14 管理能力综合评价值

国家	主成分 1	主成分 2	综合得分	排名
中国	0.4807	0.7381	0.6089	3
美国	1.7303	3.0117	2.3684	1
加拿大	−0.0921	−0.2470	−0.1692	4
英国	−1.5798	−0.6543	−1.1189	5
俄罗斯	2.2993	0.2906	1.2990	2
巴西	−1.6800	−1.3467	−1.5140	7
挪威	−1.1584	−1.7924	−1.4741	6

由表 4.14 可知，反映管理效率的主成分 1 中，俄罗斯居首，美国次之，中国位居第三，反映盈利水平的主成分 2 中，美国遥遥领先，随后是中国、俄罗

斯，最终在管理能力的综合评分中，美国名列前茅，再次是俄罗斯和中国，挪威和巴西的名次仍然靠后。

4.3.4 外部环境的主成分分析

（1）主成分方差贡献率。

计算得 KMO 检验值是 0.567，那么可以判断这组数据能做主成分分析。从表 4.15 可以看出，主成分 1、2 的特征值都比 1 大，并且它们最终累积的方差贡献率高达 93.020%，可以说主成分 1、2 差不多反映了原来 5 个变量的全部内容。

表 4.15 解释的总方差

成分	初始状态			旋转后提取的主成分		
	特征值	方差贡献率	累积值	特征值	方差贡献率	累积值
1	2.909	58.174	58.174	2.415	48.308	48.308
2	1.742	34.846	93.020	2.236	44.712	93.020
3	0.289	5.786	98.806			
4	0.034	0.689	99.495			
5	0.025	0.505	100.000			

（2）成分载荷。

由表 4.16 可知，主成分 1 上载荷较高的是通货膨胀率、人均 GDP、全球竞争力指数，说明主成分 1 主要反映外部经济环境，主成分 2 上载荷较高的是 GDP 年增长率、国际贸易年增长率，说明主成分 2 重点体现外部竞争潜力，同理进一步计算得到主成分特征向量，见表 4.17。

表 4.16 旋转成分载荷矩阵

指标	主成分 1	主成分 2
GDP 年增长率（%）	0.122	0.904
通货膨胀率（%）	0.809	0.573
人均 GDP（美元）	0.934	–0.313
国际贸易年增长率（%）	0.023	0.952
全球竞争力指数	0.934	0.292

表 4.17　主成分特征向量

指标	主成分 1	主成分 2
GDP 年增长率（%）	0.079	0.605
通过膨胀率（%）	0.521	0.383
人均 GDP（美元）	0.601	–0.209
国际贸易年增长率（%）	0.015	0.637
全球竞争力指数	0.601	0.195

（3）评价分值计算。

计算出表 4.17 中主成分 1、2 特征向量值和对应指标无量纲化值的乘积，即如下两个表达式所示：

$$F1=0.079\times 41+0.521\times 42+0.601\times 43+0.015\times 44+0.601\times 45 \tag{4.16}$$

$$F2=0.605\times 41+0.383\times 42-0.209\times 43+0.637\times 44+0.195\times 45 \tag{4.17}$$

由上面式子计算出 F1、F2 后，同理赋予权重之后得出主成分的综合评价模型：

$$F=(48.308F1+44.712F2)/93.020=0.5193F1+0.4807F2 \tag{4.18}$$

最后由式（4.18），运算出各国外部环境综合评价值及排名，汇总见表 4.18。

表 4.18　外部环境综合评价值

国家	主成分 1	主成分 2	综合得分	排名
中国	–0.3195	2.4791	1.0258	1
美国	1.2439	0.7485	1.0058	2
加拿大	0.7465	0.6237	0.6874	4
英国	0.9596	0.5609	0.7679	3
俄罗斯	–2.2711	–1.8723	–2.0794	7
巴西	–2.0473	–1.5581	–1.8121	6
挪威	1.6880	–0.9817	0.4046	5

由表 4.18 可知，反映外部经济环境的主成分 1 中，挪威第一，其次是美国、英国、加拿大，再次是中国、巴西、俄罗斯。反映外部竞争潜力的主成分 2 中，

中国第一，其次是美国、加拿大、英国、再次是挪威、巴西、俄罗斯，最终在外部环境的综合评分中，中国排名第一，美国紧随其后，英国第三，最后是巴西和俄罗斯。

4.3.5 低碳化水平的主成分分析

（1）主成分方差贡献率。

KMO 检验值是 0.573，那么此组指标数据能够做主成分分析。根据表 4.19 中的数据，只提取了 1 个主成分，方差贡献率是 78.319%，也就是说这 1 个主成分几乎能够体现之前 4 个变量的绝大多数内容。

表 4.19 解释的总方差

成分	初始状态			旋转后提取的主成分		
	特征值	方差贡献率	累积值	特征值	方差贡献率	累积值
1	3.133	78.319	78.319	3.133	78.319	78.319
2	0.482	12.061	90.380	2.085	41.695	83.724
3	0.367	9.171	99.552			
4	0.018	0.448	100.000			

（2）成分载荷。

从表 4.20 可以看出，二氧化碳排放量、二氧化碳排放强度、清洁能源消费量比和二氧化碳能源排放强度都在该主成分上有较大载荷，说明这 1 个主成分可以很好地反映低碳环境水平，进一步计算得到主成分特征向量见表 4.21。

表 4.20 旋转成分载荷矩阵

指标	主成分
二氧化碳排放量（10^4t 碳）	0.840
二氧化碳排放强度（10^4t/ 十亿美元）	0.835
清洁能源消费量比（%）	0.888
二氧化碳能源排放强度（10^4t/10^6t 油当量）	0.970

表 4.21 主成分特征向量

指标	主成分
二氧化碳排放量（10^4t 碳）	0.475
二氧化碳排放强度（10^4t/ 十亿美元）	0.472
清洁能源消费量比（%）	0.502
二氧化碳能源排放强度（10^4t/10^6t 油当量）	0.548

（3）评价分值计算。

计算出表 4.21 中主成分 1 特征向量值和对应指标无量纲化值的乘积，即可获取这 7 个国家低碳环境综合评价值，结果见表 4.22。

$$F=0.475\times 51+0.472\times 52+0.502\times 53+0.548\times 54$$

表 4.22 低碳化水平综合评价值

国家	综合得分	排名
中国	−2.8063	7
美国	−0.8874	5
加拿大	0.8342	3
英国	0.1696	4
俄罗斯	−1.0112	6
巴西	1.7352	2
挪威	2.7311	1

由表 4.22 可知，在低碳化水平的综合评分中，挪威、巴西位列一二，其次是加拿大、英国，最后是美国、俄罗斯和中国。

4.4 低碳经济下石油工业综合竞争力的主成分分析

上文通过对规模实力、发展潜力、管理能力、外部环境和低碳化水平 5 个要素分别做主成分分析，得出与其他国家相比中国石油工业 5 个要素的综合评价值和名次。将这 5 个要素的综合评价值整理到表 4.23，然后继续应用主成分分析法计算中国石油工业的综合竞争水平。

表 4.23 综合评价值汇总表

国家	规模实力	发展潜力	管理能力	外部环境	低碳化水平
中国	1.1583	−0.3315	0.6089	1.0258	−2.8063
美国	4.0409	−0.4363	2.3684	1.0058	−0.8874
加拿大	−1.6319	1.8839	−0.1692	0.6874	0.8342
英国	−1.3270	−1.2713	−1.1189	0.7679	0.1696
俄罗斯	1.3958	1.8494	1.2990	−2.0794	−1.0112
巴西	−1.6740	−0.8298	−1.5140	−1.8121	1.7352
挪威	−2.0921	−0.8645	−1.4741	0.4046	2.7311

（1）主成分方差贡献率。

显示的 KMO 检验值是 0.583，可以看出新构成的这组数据适合做主成分分析。从表 4.24 可以看出，主成分 1、2 的特征值都比 1 大，它们最终总的方差贡献率为 80.824%，也就是说主成分 1、2 能够表达上述 5 个变量的本质内容，故选择这两个主成分。

表 4.24 解释的总方差

成分	初始状态			旋转后提取的主成分		
	特征值	方差贡献率	累积值	特征值	方差贡献率	累积值
1	2.732	54.635	54.635	2.722	54.446	54.446
2	1.309	26.190	80.824	1.319	26.378	80.824
3	0.621	12.414	93.239			
4	0.338	6.757	99.996			
5	0.000	0.004	100.000			

（2）成分载荷。

由表 4.25 可知，主成分 1 综合了规模实力、管理能力和外部环境信息，主要说明目前竞争能力，主成分 2 综合了发展潜力和低碳化水平信息，主要说明未来发展能力，然后计算出主成分特征向量，见表 4.26。

表 4.25　旋转成分载荷矩阵

指标	主成分 1	主成分 2
规模实力	0.941	–0.032
发展潜力	0.305	0.794
管理能力	0.965	0.148
外部环境	0.242	–0.814
低碳化水平	–0.869	0.050

表 4.26　特征向量

指标	主成分 1	主成分 2
规模实力	0.570	–0.028
发展潜力	0.185	0.691
管理能力	0.585	0.129
外部环境	0.147	–0.709
低碳化水平	–0.527	0.044

（3）评价分值计算。

计算出表 4.26 中主成分 1、2 特征向量值和对应二级指标无量纲化值的乘积，即如下两个表达式所示：

$$F1=0.570\times1+0.185\times2+0.585\times3+0.147\times4-0.527\times5 \tag{4.19}$$

$$F2=-0.028\times1+0.691\times2+0.129\times3-0.709\times4+0.044\times5 \tag{4.20}$$

由式（4.19）和式（4.20）计算出 F1、F2 后，用同样的方式赋予权重，得到主成分的综合评价模型：

$$F=(54.446F1+26.378F2)/80.824=0.6736F1+0.3264F2 \tag{4.21}$$

最终由式（4.21），计算出这 7 个国家石油工业国际竞争力的综合评价值，见表 4.27。

表 4.27 石油工业国际竞争力综合评价值

国家	主成分 1	主成分 2	综合得分	排名
中国	1.4223	–0.7443	0.7157	3
美国	2.2715	–0.6277	1.3252	2
加拿大	–0.3343	0.6536	–0.0119	4
英国	–0.8775	–1.1530	–0.9674	5
俄罗斯	1.2132	2.1369	1.5147	1
巴西	–1.7804	0.4434	–1.0545	6
挪威	–1.9147	–0.7089	–1.5211	7

由表 4.27 可知，反映目前竞争能力的主成分 1 中，美国首屈一指，中国第二，俄罗斯第三，巴西、挪威落后，反映未来发展能力的主成分 2 中，俄罗斯领先，加拿大第二，然后是巴西，中国第六，7 个国家石油工业国际综合竞争力的排名依次为：俄罗斯、美国、中国、加拿大、英国、巴西和挪威。

4.5 低碳经济下石油工业国际竞争力评价结果分析

根据上述计算结果，对各国的二级评价指标及综合评价结果的排名进行汇总，得到表 4.28。

表 4.28 各国综合评价结果排名

国家	规模实力	发展潜力	管理能力	外部环境	低碳化水平	综合排名
中国	3	3	3	1	7	3
美国	1	4	1	2	5	2
加拿大	5	1	4	4	3	4
英国	4	7	5	3	4	5
俄罗斯	2	2	2	7	6	1
巴西	6	5	7	6	2	6
挪威	7	6	6	5	1	7

低碳经济下主要代表国家石油工业竞争力的综合排名数据显示，俄罗斯第一，从5个二级指标来看，俄罗斯虽然没有占据首位，外部环境和低碳化水平排名较落后，但规模实力、发展潜力和管理能力均位于第二，故总的来说名列前茅。美国以微弱差距仅次于俄罗斯，排名第二，但是美国拥有雄厚的资本并掌握发达的技术，在规模实力、管理能力方面远远超越其他六国，石油工业竞争能力不容小觑。第三名是中国，处于上游水平，仅低碳化水平指标排在末位，外部环境略胜一筹排在七国之首，其他方面均处于第三位。加拿大排名第四，同跟在其后的英国相差无几。加拿大在发展潜力上得分最高，但在规模实力上排名靠后，其他方面表现居中，总体排名第四。英国在规模实力和低碳化水平上处于中游，但是其发展潜力和管理能力不是很理想。巴西和挪威分别排在第六名和第七名，巴西由于受其规模实力、管理能力和外部环境等的限制，尽管低碳化水平仅次于挪威居于第二，仍无法挽回综合排名落后的局面。最后一名是挪威，挪威虽然低碳化水平方面遥遥领先，但其他方面均倒数，导致排在其他六个国家之后。

4.6 低碳经济下中国石油工业国际竞争力提升面临的挑战

根据以上运算结果可以看出，中国石油工业具有一定的国际竞争力，但仍有较大提升空间，本书将从以下方面分析中国石油工业参与国际竞争过程中所面临的挑战。

4.6.1 规模实力方面的挑战

基于主成分分析结果，中国石油工业规模实力排在第三且与第一名美国相距甚远。中国石油工业在总资产和总收入方面具有一定优势，但是石油产量、天然气产量、原油加工量方面和其他六个国家相比处于中上游水平；俄罗斯石油产量最大，为53410×10^4t，中国石油产量仅为其1/3；美国天然气产量最多，为728.3×10^9m^3，而中国还不足其1/5；美国原油加工量最大，为90123.8×10^4t，中国不到其1/2。中国石油生产无法自给自足，对外依存度高，主要是由以下原因造成。

（1）资本积累不足。石油工业要实现规模经济效应，就需要投入大量人力和资本，而且是一个长期持续不断的过程。因为只有投入充足的原始资本，上游的勘探开发至下游的加工储运才能良好运行。相应地，原始资本积累不足，将难以保持和扩大现有生产规模和生产能力，也间接影响到石油工业未来发展潜力。相对发达国家来说，中国石油工业发展的时间较短，资本积累不充裕，还要依赖引进的外国资本，这些都严重影响着中国石油工业规模实力的提高。

（2）中国油气资源后劲不足。中国剩余油气可采储量虽然乐观，但应该清楚地认识到，剩余资源开发的可行程度不仅取决于待开发资源的品质，还取决于其所处地域的气候和地理环境优劣，然而中国剩余资源绝大多数是低品质的并且分布在难以开发的中西部，需要大量投资，短时间发现大油田的希望很小；同时东部老油田普遍存在资源条件逐年变差、成本上升等现象，中后期开发难度日益增加。综上分析，中国难以保障充足的油气供给。

4.6.2 发展潜力方面的挑战

发展潜力方面有个明显现象：与其他国家相比，石油储量、石油剩余可采储量和石油储产比不足，天然气储量、天然气剩余可采储量和天然气储产比则比较乐观。基于主成分分析结果，中国石油工业发展潜力排名落后与美国和俄罗斯，主要原因如下。

（1）石油储备设施不足。中国尽管成了世界第二大经济体，但是石油储量却严重不匹配。美国、欧盟、日本的政府战略石油储备都达到或超过国际标准的90天，中国储备能力则不及国际标准的1/3，直接影响抵抗风险能力。就民间储备能力而言，美国为68天，日本高达79天，德国是32天。此外中国石油巨头企业的储备能力也十分有限。

（2）石油消费需求增速剧降。随着中国经济增速变缓带来能源消耗下降，以及节能减排的约束，中国石油消费市场总体需求仍不景气。由于中国多个省市逐渐出台和实施的汽车限购、限行等政策，加之近年来清洁能源天然气作为替代燃料异军突起，十大主要用油行业中有七个行业呈现用油低迷。如果计算人均石油消费量，这个差距将进一步扩大。需求不足是中国石油工业在发展潜力上的一大阻碍。

（3）天然气消费需求增长速度变慢。2014年以来国际油价持续下跌，出现了石油对天然气的逆替代现象，导致天然气消费需求放缓；国内经济呈现新常态，增速减缓，加之替代能源加快发展，出现了用气需求乏力的现象，即使在天然气使用量高的东部沿海区域，也呈现放缓的状态。置于世界范围内，扩展天然气使用规模、增加天然气需求任重而道远。天然气正在被越来越多的地区、产业和人口使用，天然气行业将对中国石油工业发展潜力的提升起到至关重要的作用。

4.6.3 管理能力方面的挑战

在管理能力方面，中国石油工业的排名较为靠前，基于主成分分析的结果，中国石油工业的管理能力次于美国和俄罗斯居第三名，净利润、资本利润率以及劳动生产率仅次于最优值。各国石油公司受到低油价、全球经济下行等不同程度的冲击，中国销售利润率和利润增长率指标表现也差强人意，其中净利润同比减少约 36%。具体原因如下所述。

（1）国际油价的低价运行。2008 年金融危机以来，国际油价经历了五次暴跌，前三次分别是 2009 年受全球金融危机外需疲弱影响，原油价格由 147 美元 /bbl 跌至 46 美元 /bbl；2014 年美国页岩油带来石油供给大幅增加，导致原油价格由 115 美元 /bbl 跌至 27 美元 /bbl；2018 年第 4 季度，美国对伊朗原油进口国家实施制裁豁免导致原油价格由 76 美元 /bbl 下跌至 45 美元 /bbl。自 2020 年以来，受到新冠肺炎疫情影响，全球国际原油市场持续低迷，国家油价更是跌破了 30 美元 /bbl。特别是 2020 年 2 月 23 日开始，疫情开始在海外大范围扩散，进而向全球大流行病方向发展，经济的外部不确定性进一步上升[81]。石油公司财务状况、产量水平、投资规模等方面受到不同程度的影响。国内石油工业，特别是上游油气勘探开发与国际同行业一样，其经营受到严重制约，导致销售利润率和利润增长率不高。在投资成本高且利润空间小的局面下，石油企业不得不延迟或者舍弃一些高难度、高成本的项目。

（2）石油产销存在典型的寡头垄断。中国石油、中国石化和中国海油三大集团公司一体化经营模式形成了高度集中的市场格局。具体来看，中国石油天然气市场上游勘探开发主要由中国石油、中国石化和中国海油为主的几个大型公司相互竞争，下游主要由中国石油和中国石化两个大型公司控制炼化产业；2019 年以前陆上主要由中国石油和中国石化两个大型公司拥有油气管线。2019 年 12 月，国家石油天然气管网集团有限公司成立，国家管网公司的成立，意味着涉及天然气行业市场化改革进程中最为关键、关注度最高、实现难度最大的“网销分离”

将向前迈出扎实的一大步。油气管道独立后成为重要的行业公用性基础设施，但油气管道公司却是一家由国资委监管的巨无霸央企，管网公司任何平衡基础设施的社会责任和谋求资本利益最大化之间关系的行为，对整个天然气市场都是一大挑战[82]。中国石油工业仍然具有很大的垄断性，这主要是由于石油天然气具有的资源稀有和不可再生性、资金与技术密集、高投资风险等特点。由于油气勘探、生产、销售的寡头垄断大大降低了石油工业的经营风险，消费者无法左右其价格，降低了中国石油工业的管理难度，进而也就保证了中国石油工业的净利润、资本利润率维持在较高的水平上。此外，在与发改委价格部门、财政税务部门也存在价格垄断现象，导致中国油价的定位超出了平均正常范围，歪曲了市场调节，违背了市场规则，这种情况带来的高资本利润率就需要引起我们的进一步思考。

4.6.4 外部环境方面的挑战

主成分分析的结果显示，中国石油工业的外部环境居七国之首。虽然 GDP 年增长率、国际贸易年增长率以较大优势领先于其他国家，但是人均 GDP 最少，仅为最优值的 1/13，通货膨胀率和全球竞争力指数也不容乐观。

（1）经济和对外贸易的新常态。2013 年中国成为世界第一大货物贸易国，随着中国经济发展进入新常态，中国的对外贸易发展也进入了新常态，特别是“一带一路”倡议的构想和实施，能够使中国更好地参与国际竞争合作，协调平衡新常态下的经济发展。2019 年中国 GDP 为 99.0865 万亿元，稳居世界第二位，中国人均 GDP 将首次超过 1 万美元，但是总体来说，人均 GDP 与发达国家仍然差距比较大。

（2）国际国内环境错综复杂。近几年世界经济增长呈改善趋势，但经济政治等因素依然存在风险，国际竞争更加激烈，能源等大宗商品价格的大幅下跌加剧了全球性通缩风险。当前中国经济处于增速转换阶段，又面临工业产能严重过剩、部分地域房地产市场新波动等问题，加上外部环境依然复杂多变，经济增长面临下行压力。

（3）新冠肺炎疫情影响经济发展及石油供需格局。2020 年初新冠肺炎疫情在全国范围内爆发，对全国经济社会发展产生了一定影响。首先，国内工业企业受到一定冲击，影响油气需求。由于疫情防控的需要，工厂和工地开工复工延迟，对制造业、房地产、基建投资等短期影响较大，对外贸易和外商投资相关活动推迟或取消，导致短期内投资下降较多。其次，对进出口的影响。2020 年 1 月 30 日，世界卫生组织宣布将新冠肺炎疫情列为国际关注的突发公共卫生事件，对中国进出口产生了一定影响。由于进出口订单或合约签订较早，疫情影响主要表现在交易和运输的便利性方面[83]。再次，此次疫情加剧了全球石油市场过剩的态势。考虑到美国页岩油生产依然强劲，俄罗斯等非 OPEC 国家产量水平继续上升，OPEC 国家与非 OPEC 国家达成的“维也纳联盟”需要重新调整，以及协议在实际执行过程中的折扣（OPEC“减产”追赶不上非 OPEC“增产”），2020 年全球石油市场供应过剩的局面将更加严重[84]。通过以上分析可以看出，新冠肺炎疫情对国内外经济发展造成一定的冲击，同时进一步加剧了国际石油市场供需不平衡的局面，必然对中国石油工业的发展造成一定的影响。

4.6.5 低碳化水平方面的挑战

基于主成分分析结果，中国在低碳化水平方面处于明显的劣势，排在末位。具体来看，二氧化碳排放量、二氧化碳排放强度和二氧化碳能源排放强度都大于其他六个国家，其中二氧化碳排放量为最优值的 200 多倍，二氧化碳排放强度为最优值的 10 多倍，同时清洁能源消费量比重却小于其他六国，不及最优值的 1/6。

（1）低碳意识淡薄，低碳政策法律体系尚不健全。目前中国低碳经济发展仍处于探索阶段，还没有形成与低碳相关的法律法规体系，在政策执行和实施效果上存在着不同程度的延迟现象。在日常生活中，虽然人们倾向于低碳化生产和消费，但因为国内低碳产品价格相对偏高，消费市场并不乐观；部分地区能源生产消费的环境承载能力接近上限，大气污染形势严峻。由于采用低碳技术会显著增加企业的成本，生产商们往往只图眼前利益，忽略产品的低碳化，进而影响中国低碳经济的发展进程。

（2）能源结构的高碳。作为世界上第一产煤大国、仅次于美国的第二石油消费大国，中国能源结构仍旧是高碳化。提高天然气等清洁高效能源的利用规模，起到防治大气污染、保护生态环境的关键作用，是中国低碳发展的重要方式。近几年，中国能源结构不断优化，煤炭消费在能源消费中所占比重不断下降，2018 年，煤炭消费量在中国能源消费总量中占比仅为 58%，再创历史新低，说明中国能源结构转型取得了较好的成绩。但是，总体来说，中国能源结构仍然呈现高碳化的特点，最典型的表现是冬季雾霾天气严重，近些年区域环境污染严重，特别是京津冀、长三角等地区都遭受了严重的雾霾天气，不利于人们正常的生产生活，低碳经济发展面临非常艰巨的任务和挑战。目前中国这种高碳能源结构，直接导致了中国二氧化碳排放量和二氧化碳排放强度以及能源消费的碳强度居高不下，清洁能源比重低的现状。首先，“以气代煤”和“以电代煤”等清洁替代成本高，洁净型煤推广困难，大量煤炭在小锅炉、小窑炉及家庭生活等领域散烧使用，污染物排放严重；高品质清洁油品利用率较低，交通用油等亟需改造升级。其次，新能源使用比例有待提高。2018 年，中国的风电、太阳能和其他非大型水电可再生能源新项目的投资为 860 亿美元，但是新能源使用比例仍然有待提高，中国仍需要加快向低碳化转型。

（3）能源利用效率低。中国经济总量庞大因而能源消费总量巨大，近几年能源利用率不断提升，单位 GDP 能源强度呈现下降趋势。目前，中国单位 GDP 能源强度每年下降约 3.5%~4%，随着 GDP 增速放缓，未来会保持在 3%~3.5% 水平，到 2030 年中国能够实现单位 GDP 二氧化碳排放强度下降 60%~65% 的目标[85]。但当前中国能源利用效率整体偏低，与国际先进水平相比存在较大差距。如发达国家的能源弹性系数一般不超过 0.5，而中国 2001—2017 年间能源弹性系数平均为 0.71。中国能源利用效率约 36.3%，比发达国家低 10%，表明中国能源利用效率形式欠改善，间接造成了碳排量和能源排放强度高，同时也对能源消费结构和产业结构调整等方面提出了挑战。

第5章　低碳经济下中国石油工业的发展环境

5.1　中国石油工业的宏观环境分析

5.1.1　政策法规环境

政府的政策导向对一个产业的发展有着至关重要的影响，而政府的政策导向必然与经济发展大背景相吻合。在低碳经济背景下，政府政策支持、优惠必然向有利于低碳经济发展的产业倾斜。在当前国情下，非常规油气资源开发由于符合低碳经济发展要求受到政府的鼓励与支持。总体来讲，政府的政策导向主要通过出台政策文件、制定法规以及税收优惠、财政补贴等方式来体现。

自从低碳经济的理念被引入中国，政府逐渐将低碳经济对中国石油工业的发展要求体现在法律、文件中。中国将低碳经济的发展放到长期基本国策的战略高度，也就是把中国石油工业的低碳化发展提升到战略高度。国家对低碳经济的重视，在很大程度上为中国石油工业的发展营造了良好的政策环境。有了政府的支持，石油工业的发展也会得到社会各界的资金、人才支持，非常规油气资源大规模开发的进程便会加快，这就为中国石油工业的发展提供了保障。

（1）政府更加重视石油工业的绿色发展。

为贯彻落实党的十八届五中全会提出的绿色发展新理念，加快推进行业供给侧结构性改革，促进行业实现绿色可持续发展，推动中国由“石化大国”向“石化强国”跨越，2016年7月，中国石油和化学工业联合会组织制定了《石油和化工行业绿色发展行动计划》(以下简称《计划》),《计划》的主要目标是到2020年重点产品单位综合能耗显著下降，工业固体废弃物利用率有所提高。2017年5月，石化联合会在《计划》的基础上，通过现场调研石化企业及重点园区，编制完成了更具针对性和可操作性的绿色发展六大行动计划，即《废水治理行动计划》《废气治理行动计划》《固体废物处理处置行动计划》《安全管理提升行动计划》《节能低碳行动计划》《石油和化工园区绿色发展行动计划》，为石油和化工行业绿色发展提供指导和参考。在石化联合会推进行业绿色发展的持续努力下，2017 年 12 月 5 日，国家发展改革委、工业和信息化部两部委联合发布《关于促进石化产业绿色发展的指导意见》，从更高的层面完善行业绿色标准，建立绿色发展长效机制，推动石化产业绿色可持续发展。

2017 年能源局发布的《能源发展“十三五”规划》明确提出“清洁低碳，绿色发展”的目标，强调把发展清洁低碳能源作为调整能源结构的主攻方向，坚持发展非化石能源与清洁高效利用化石能源并举，要逐步降低煤炭消费比重，提高天然气和非化石能源消费比重，大幅降低二氧化碳排放强度和污染物排放水平，优化能源生产布局和结构，促进生态文明建设。

党的十八大以来，中国围绕生态文明建设提出了一系列新理念、新思想、新战略，开展了一系列根本性、开创性、长远性工作，生态文明理念日益深入人心，污染治理力度之大、制度出台频度之密、监管执法尺度之严、环境质量改善速度之快前所未有，推动生态环境保护发生历史性、转折性、全局性变化。习近平总书记指出:“我们既要绿水青山，也要金山银山。宁要绿水青山，不要金山银山，而且绿水青山就是金山银山。”这是重要的发展理念，也是推进现代化建设的重大原则，要实现形成绿色发展方式，重点是调整经济结构和能源结构，优化国土空间开发布局，培育壮大节能环保产业、清洁生产产业、清洁能源产业，推进生产系统和生活系统循环链接。

通过以上分析可以看出，低碳经济下石油工业实现绿色、低碳发展是实现长远发展的必然选择，也是中国生态文明建设的要求。因此，从政治环境角度来看，中国石油工业实施低碳化发展面临着良好的机遇。

（2）“一带一路”倡议带来新机遇。

2013 年，国家主席习近平提出了共建“丝绸之路经济带”和“21 世纪海上丝绸之路”的重大倡议。中国石化产业发展“十三五”规划中提出，未来要进一步推进“一带一路”石化全产业链合作，深化国际合作，培育对外贸易的新优势。“一带一路”倡议能够促进中国与相关国家形成新的合作机制。由于“一带一路”沿线集中了主要的油气资源供应国以及重要的石化产品消费国，基础设施建设的不断建设和完善，有利于促进区域内各方在技术、资源以及资金和市场等多方面的融合，加快形成新的合作局面，这对中国石油工业来说是重要的发展机遇，要充分利用“一带一路”倡议，加强与国外企业的合作，进一步开拓国外市场，实现资源及技术方面的交流与合作。因此，“一带一路”建设和国际产能合作的深入实施，能够推动中国与沿线国家能源领域更大范围、更高水平和更深层次的开放交融，有利于全方面加强能源国际合作，形成开放条件下的能源安全新格局，促进中国石油工业的发展。

5.1.2 经济环境

（1）国际贸易环境不确定性加强。

2018 年以来，世界经济政治形势错综复杂，“逆全球化”和贸易保护主义势力抬头，国际贸易环境不确定性不断升级，主要经济体宏观经济政策调整溢出效应凸显，地缘政治风险此起彼伏，国际贸易环境不确定性进一步增强，尤其是中美之间的贸易摩擦不断升级。2020 年 1 月 15 日，中美签署第一阶段经贸协议并达成一致，但协议能否得到顺利执行仍不明朗，中美贸易摩擦问题尚未得到根本性解决。短期来看，中美贸易摩擦对中国石油工业的影响有限，但从长期来看，在勘探技术和先进装备引进、油气进口、海外资产安全和对美能源合作等领域存在一些负面影响[86]。

第一，对上游勘探开发技术和装备引进造成一定影响。目前，中国已建立了具有中国特色的页岩气勘探开发技术，但是，在水平井钻完井关键装备、压裂改造技术、深—超深层油气开发等方面，中国还与美国存在较大差距，美国通过装备出口和技术转让限制将对中国石油企业推进装备现代化和自主化造成一定影响。

第二，对中国油气资源进口造成一定的影响。美国石油、天然气等能源产品的竞争力非常强，也是中国重要的能源产品来源之一。近年来，中国从美国进口原油、LNG 等产品的数量呈现快速增加态势。而对于中美贸易摩擦对中国油气资源进口产生的影响，学者持两种不同的观点。一是持悲观态度，部分学者认为中美贸易摩擦将导致中国进口成本增加，以美国为首的国家采取抱团手段导致中国气源地国家减少，进口集中度进一步增强；另外美国暗中操纵石油及天然气价格，对石油及天然气出口国家进行政治干预将影响中国进口量，从而对中国石油及天然气进口产生不利的影响。二是持乐观态度，少数学者从油气资源进口国的角度进行研究，认为中美贸易摩擦背景下，美国减少对中国石油及天然气的出口，反而有利于中国加强与其他进口来源国的合作，降低进口集中度，推动中国油气资源的贸易结构调整。

第三，影响油气企业对美能源合作前景。当前，中国已成为美国第二大原油出口市场和第三大天然气出口市场。2017 年特朗普访华期间，中美双方签署的 2535 亿美元大单中，包括 430 亿美元的阿拉斯加 LNG 开发项目、切尼尔与中国石油的 LNG 销售项目、霍尼韦尔与东华能源的 5 个丙烷脱氢项目等能源项目。2018 年 5 月 19 日，中美两国发表联合声明，双方同意有意义地增加美国农产品和能源出口 [87]。将油气贸易作为缓解两国贸易摩擦的润滑剂与突破口，具有重要的战略意义。但随着中美贸易摩擦的打响，油气贸易谈判也随之搁浅。如果美国坚持以遏制、阻挠中国发展为目的打贸易战，触及中国发展的核心利益，油气企业与美国之间的合作就不可能有大的发展，已谈成的合作也可能因而废止。

（2）中国 GDP 稳速增长。

国内生产总值（GDP）是反映宏观经济总体状况的主要指标，反映一个国家和地区经济运行水平和运行速度。一般来说，国内生产水平越高的地区越发达，市场需求也更大。根据国家统计局公布的数据，近年来中国国内生产总值一直呈现稳定上升趋势（图 5.1），2019 年中国实现国内生产总值 990865 亿元，同比增长 6.1%，对世界经济增长的贡献超过 30%，人均 GDP 已经突破 1 万美元，高于中等偏上收入国家平均水平。经济的稳速增长能增加石油的需求量，为石油工业的发展带来机遇。

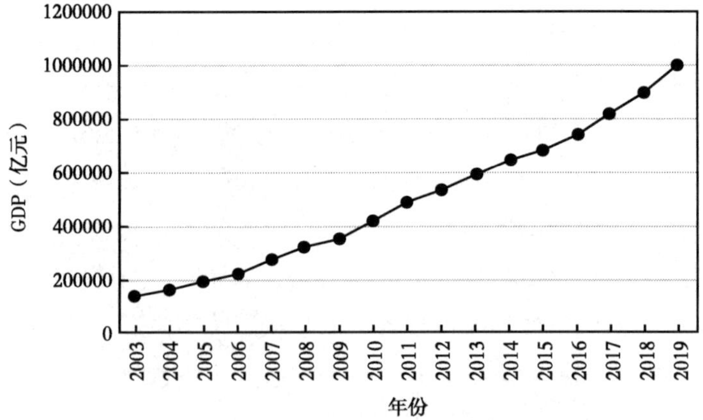

图 5.1 2003—2019 年国内生产总值变化情况

（资料来源：国家统计局）

5.1.3 社会文化环境

（1）世界各国对低碳经济重视程度增强。

随着低碳经济的发展，“低碳经济”这一概念已经被世界各个国家所接受和倡导，消费者开始越来越多地关注低碳，越来越注重对环境的保护，有意识地节能减排，倡导清洁的生存环境和健康积极的生活状态。为了减少 CO_2 排放量，降低温室效应，各国纷纷签订《京都议定书》，共同致力于降低大气中的温室气体的含量，保卫我们赖以生存的家园。从图 5.2 可以看出，美国、日本、俄罗斯二氧化碳排放量基本呈现下降的趋势，而 2002—2014 年中国二氧化碳排放量呈现一定的上升趋势，由于 2015 年以后的数据未公布，未能对 2015 年之后的数据进行统计，但从相关的新闻报道中得知近几年发达国家二氧化碳排放量呈现下降趋势；发展中国家呈现增长趋势。2019 年发达经济体经济增长平均约为 1.7%，但与能源相关的二氧化碳排放总量下降了 3.2%；2019 年，发达经济体以外的二氧化碳排放量增长了近 4×10^8t，其中近 80% 来自亚洲，该区域煤炭需求继续扩大，占能源使用量的 50% 以上，排放量约 10×10^4t。中国排放量继续上升，但受到经济增长放缓和低碳电力产出增加的影响，排放增长率明显下降[88]。

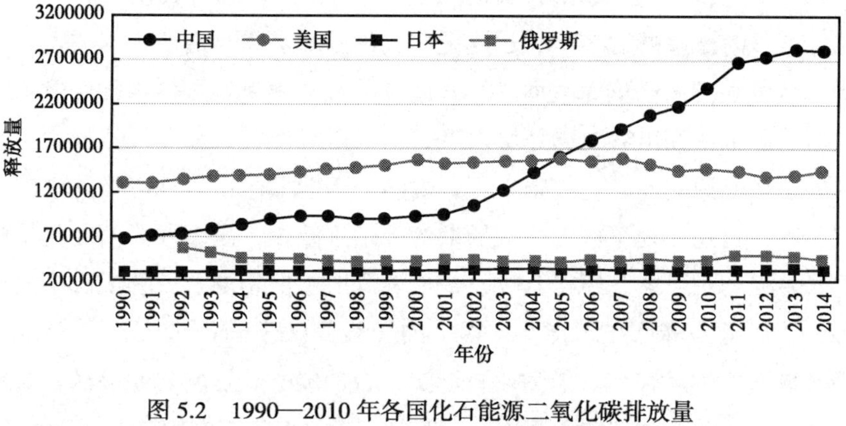

图 5.2 1990—2010 年各国化石能源二氧化碳排放量

数据来源：二氧化碳信息分析中心（Carbon Dioxide Information Analysis Center）整理

（2）社会各界低碳意识增强。

随着低碳经济的发展，社会各界的低碳意识不断增强。首先，政府明确提出发展清洁能源的目标，《国民经济和社会发展第十三个五年规划纲要》着重强调了要优化能源结构，大力发展天然气、页岩气以及非化石能源等清洁能源，提高能源利用率，降低二氧化碳的排放量，构建清洁、高效的新型能源体系；《能源发展“十三五”规划》中也明确提出要加快清洁能源发展的要求，鼓励天然气勘探开发投资多元化，实现储运接收设施公平接入，加快价格改革，降低利用成本，扩大天然气消费。其次，社会民众的低碳环保意识不断增强。2016 年 2 月，凤凰国际智库联合世界资源研究所（WRI）针对绿色发展相关问题展开了“展望十三五绿色发展民意调查”，调查结果显示，中国民众普遍意识到环保的重要性，其中 47.65% 的参与者已经认识到经济发展与环境保护并不冲突，甚至有 45.98% 的参与者认为只有采取环保行动才有可能实现经济发展[89]。这说明中国社会民众已经意识到环境保护的重要性，并走出了经济发展与环境保护相互冲突的误区，这为中国石油工业实施绿色低碳发展提供了消费基础。

（3）低碳经济带来的机遇。

① 节能减排要求使石油工业地位提升。

回顾西方工业化国家发展历程，综合考虑中国当前处于快速工业化进程中的实际，低消耗、低污染、低排放的新型工业化道路是中国发展的必然选择。节能、减排是中国转变经济发展方式过程中的重要任务之一。受到能源资源禀赋“富煤、少气、贫油”客观条件的制约，中国能源消费结构长期以煤炭为主，煤炭占能源消费的比重高达 70%，远远超出世界平均水平，造成中国碳排放强度居高不下，减少碳排放任重而道远。尽管近年开发利用新型可再生替代能源的呼声高涨，新能源事业在世界各国蓬勃发展，但是以煤炭、石油和天然气为主的化石燃料主导全球能源的局面将在未来很长时间内不会发生根本性变化。中国新能源产业起步晚，目前还处于产业生命周期的低水平阶段，没有形成商业化规模生产与消费，勉强利用可能会适得其反，造成能源成本费用加大，环境污染加重等不良后果，因而适当降低煤炭消费与提高油气消费双管齐下，对于调整能源结构、降低碳排放强度举足轻重。作为化石能源，石油碳排放强度要明显低于煤炭，尤其是天然气更是被称为“绿色能源”，提高石油工业的发展地位是大势所趋。

随着石油工业地位提升，无论是消费者、投资方还是政府都将加大对石油工业的关注与支持。在这种形势下，油气资源需求大幅增加，同时大量资金、人才流入石油工业，再加上政府的政策支持，必将导致油气资源勘探开发力度的加大，必将促进石油工业基础设施建设，石油工业的高速发展具备了得天独厚的优越条件，经济效益必然明显提高。

② 天然气和非常规油气资源市场扩大。

能源是国家经济发展的动力，无论是工业生产还是日常生活都需要消耗大量的能源。中国是一个人口大国，又是一个经济飞速发展的国家，因此对能源的需求处于高速增长时期。不同时期由于技术水平、消费意识等因素的限制，市场上对各类能源的需求倾向会有所改变。经济发展初期，煤炭资源因储量大、开发难度小、成本低迅速发展为能源消费市场的主导。而随着经济的发展、科技水平的提高以及各种环境问题凸显、人类环保意识加强，清洁环保能源开始登上历史舞台。能源消费市场是一个大蛋糕，其中煤炭、石油、天然气等传统能源，与核能、水能、风能、太阳能等新能源“二分天下”。在所有的能源类别中，传统能源居于主导地位，燃烧每吨煤产生的二氧化碳量比石油多30%，比天然气多70%，天然气因其碳排放强度相对远低于煤炭、石油资源，在竞争中具有得天独厚的优势。因此，在新形势下综合各方面因素，天然气资源成为人们能源消费的主要选择。

同时，在世界范围内，非常规油气资源开发取得很大成就。特别是页岩气的大规模开发缓解了美国的天然气供需压力，使美国由油气进口大国转变为天然气出口国，可见非常规油气资源的开发对一国能源供应意义重大。中国非常规油气资源丰富，且较常规油气资源更具环保优势，目前因技术限制尚未实现大规模开发。低碳经济的发展为中国非常规油气资源的开发提供了机遇，资金的流入、政策的支持都为非常规油气资源开发技术的研发提供了保障。

低碳经济之风吹醒了人们的环保意识，消费意识决定消费行为，在很多领域以清洁高效的天然气取代煤炭、石油资源已成为人们的自觉行为，无形中低碳经济为石油工业的发展做了免费的宣传。这种全球性的宣传影响范围广，并且在潜移默化中使消费者的消费意识发生转变，进而影响其消费行为。在低碳消费意识的支配下，人们必将加大天然气的消费力度，减少煤炭资源的需求，从而使中国能源消费结构得以优化。据国家统计年鉴数据显示，2018年中国能源消费总量为46.4×10^8t标准煤，比2017年增长3.3%，其中煤炭消费量增长1.0%，原油消费量增长6.5%，天然气消费量增长17.7%，可见新形势下天然气资源需求量保持迅猛增长势头。

随着低碳经济理念的深入发展，各种低碳概念应运而生，“低碳城市”“低碳社会”“低碳世界”等概念逐渐深入人心，低碳意识潜入人们的日常生活中，影响着生产、生活的各个方面。而人们的生产、生活都离不开能源，因此要实现生产、生活的低碳化，就是要促进能源的低碳化，选择更清洁高效的低碳能源成了人们生产生活方式转变的重要任务。作为低碳能源的天然气和非常规油气资源的开发成为重点。在低碳理念的指导下，人们对天然气的需求增加，消费市场扩大。天然气需求的增加必将导致油气勘探开发力度的加大，必将促进石油工业拓展新的能源领域，加大非常规油气资源的开发，必将促进油气储运基础设施的建设，必将导致油气资源新用途的不断研发，从而带动石油工业各环节的发展，从而促进中国石油工业发展更加稳健，更具有国际竞争力。

③ 促进石油工业产业优化和技术提升。

石油天然气工业是一国国民经济的重要基础产业，具有明显的公共事业特征，这一特征决定了石油天然气工业不能完全放任市场机制来调节，而必须加强政府对其调控。合理的石油天然气工业产业结构可以为国民经济长久发展提供重要的物质基础和产业支撑。石油工业产业优化可以降低以石油天然气及其产品为燃料动力、原材料等投入的各行各业的生产成本，提高总体竞争能力，进一步巩固比较优势和竞争优势；有效应对西方国家“绿色壁垒”等出口限制，增强中国工业产品出口份额；中国处于产业链底端，高投入、高消耗、低附加值等特点显著，提高能效水平来扭转中国在国际分工与贸易中的劣势。

中国能源消耗占世界 25%，碳排放量占 20%，中国低碳经济发展战略是世界经济低碳模式的重要组成部分，事关这一事业的成败。走低碳经济发展之路既是中国经济发展的明智选择，也是中国的历史责任。实现低碳发展，提高中国在国际经济、环境保护等领域的地位，可以获取相应的话语权，切实保障中国国家根本利益。随着中国低碳经济建设不断取得新的成绩，目前低碳经济工作主要集中表现为提高能源效率及研发低排放技术，这将极大促进中国石油工业产业结构调整、能源效率改善。在参与清洁发展机制等一系列国际合作机制的过程中可以达到提高低碳技术水平的目的。这些国际合作项目的开展也有利于中国石油工业的发展。首先，在国际合作中我们可以学习到外国先进低碳技术，促进中国石油工业降低能源消耗、提高能源效率，最终实现产业结构调整与升级；其次，在学习与运用国外先进低碳技术的过程中，我们可以受到启发，加强科技研发，开发符合自身实际的技术体系，促进中国石油工业走低碳发展道路。把握发展低碳经济发展这一机遇，突出中国石油工业发展优势，深化石油工业企业体制改革，完善产业政策，强化合作意识，改革用人机制，实现石油工业全面健康发展。

④ 石油工业政策环境改善。

首先，为了支持低碳经济发展，中国政府出台了相应的政策文件，将低碳经济纳入中国长期基本国策，为符合低碳经济发展要求的石油工业的发展提供了政策保障。其次，政府的支持还通过制定法规等法律措施来体现。低碳经济发展很大程度上体现在能源产业的低碳化发展，因此国家对低碳经济发展的支持也在很大程度上是通过对包括石油工业在内的符合低碳发展要求的能源产业的支持来实现的。政府制定的各种支持低碳经济发展的法规也必然向低碳能源产业倾斜，这就为中国石油工业的发展提供了法律支持与保障。最后，在财政补贴、税收方面，政府为中国石油工业的发展提供了优惠，很大程度上降低了非常规油气资源开发成本，提高了竞争优势。

（4）低碳经济也给中国石油工业带来新的挑战。

① 新能源开发利用对石油工业市场的冲击。

新能源是相对于传统化石能源提出的概念，是以新技术、新材料为基础对传统可再生资源进行现代化开发利用的资源，具有可再生性，可被永续利用。同时，新能源一般不含碳或含碳量很少，对环境的影响小。相比于煤炭、石油、天然气等传统化石能源来说，新能源更符合低碳经济发展的要求。但是综合技术条件等各因素，低碳经济下石油天然气资源是清洁高效能源的最佳选择，新能源只能作为补充，而不能替代石油天然气资源成为能源消费市场的主导。但是这并不意味着新能源的发展就会停滞。低碳经济给新能源带来了一系列发展机遇，将极大促进新能源产业的发展。新能源无疑会成为中国石油天然气消费市场上的有力竞争对手，给中国石油工业的发展带来极大压力。

由于技术水平的限制，中国新能源产业发展受到一系列限制，只能作为传统化石能源的补充，在能源消费结构中只占有极少的比例。但是新形势下，特别是低碳经济导致的环保意识的加强，使得新能源以强大的势头进入到能源消费市场中，新能源产业发展取得显著成效。

中国新能源资源种类多、储量大，主要有太阳能、生物质能、核能、水能等，具有巨大的发展潜力。低碳经济发展导致政府政策向新能源产业倾斜，推动中国新能源产业进入高速发展时期，取得很大进步。2018 年，水电、核电、风电等在能源消费结构中所占的比重上升到18.8%，比2009年提升了9个百分点，说明中国新能源产业有着巨大的发展潜力。

近年来，中国在各主要新能源开发利用方面取得重大进展。首先，在太阳能利用方面，截至2018年，全口径并网太阳能发电装机累计17463×10^4kW，新增装机约4411×10^4kW，同比增长33.9%，太阳能热水器已基本实现商业化，形成了自己的产业链。同时，太阳能光伏、材料制造方面也取得了显著成效。其次，在生物质能发展方面，沼气已达到领先水平，稻壳气化发电已进入产业化发展阶段，燃料乙醇技术也趋于成熟。最后，中国核电发展经历了起步阶段、适度发展阶段、积极发展阶段、安全高效阶段，目前产业发展安全状况良好，发电水平逐渐提高。2019年上半年，全国累计新增核电装机125×10^4kW，核电发电设备利用小时为3429h，根据中国政府的规划目标，到2020年，核电装机容量达到5800×10^4kW，在建容量达到3000×10^4kW以上，由此可以看出，中国核电产业进入安全高效发展时期。

低碳经济的发展促进了石油天然气资源的开发利用，扩大了油气资源消费市场，同时也为新能源发展提供了良好契机。随着低碳产品的不断增加以及消费者对低碳概念的深入了解，低碳能源市场将不断壮大。在当前技术水平下，石油天然气资源成为低碳消费市场上的主要选择，新能源只能作为传统化石能源的补充。但是，新形势下新能源因其独有的环保优势受到各方青睐，发展势头猛烈，必将从资金、政策、市场等方面对油气市场形成冲击，成为油气资源在能源消费市场上强有力的竞争对手。

目前新能源相对传统化石能源在能源生产总量中所占比重仍然很小。然而，中国的可再生能源资源丰富，同时政府通过政策支持、财税优惠补贴等措施对新能源产业发展予以鼓励。这不仅降低了新能源开发的成本，提高了新能源产品的竞争力，同时也为新能源开发技术的研发提供了资金支持。其次，新能源还具有可再生的优势，因此其开发成本只会随着技术水平的提高逐渐降低。而石油天然气资源储量是有限的，随着开发力度的加大，剩余储量减少，勘探开发难度也会加大，从而导致勘探开发成本提高，进而造成整个石油工业生产成本的提高，所以在能源消费市场竞争中新能源又具有了成本优势，竞争力必然提升。

通过以上分析可以看出，新能源产业必将成为中国石油工业强有力的竞争对手，其竞争力不可忽视。在现今形势下，新能源产业由于技术水平限制尚未实现规模化开发，这正为中国石油工业发展提供了迎接挑战的缓冲期。因此，中国石油工业要抓住当前发展机遇，努力构建完善基础设施，构建石油工业网络体系，形成稳定的消费群体，帮助消费者建立起相应的消费习惯，形成强大的竞争优势，应对新能源产业的冲击。

② 油气资源供需矛盾加剧。

近年来国民经济高速增长，产业结构不断调整，油气资源需求量大幅度增加，油气资源生产量虽也保持上升趋势，但远远不能满足需求量的高速增长，油气资源供需缺口不断扩大，供需矛盾突出。在低碳经济形势下，随着低碳环保意识的加强，人们更倾向于对清洁高效能源的消费。油气资源因其相对洁净的优势成为低碳背景下消费市场上的宠儿，油气需求量进一步激增，加剧了原本已较突出的供需矛盾。中国未来油气供需矛盾的加剧无疑给中国石油工业带来巨大的生产压力。

低碳经济背景下石油天然气资源需求量大增，对石油工业发展带来巨大的生产压力。然而，低碳经济对石油工业发展提出的碳减排标准又使中国石油工业面临扩大生产与加强环保的双重压力。在这种形势下，如果石油工业不能很好地解决油气供需矛盾，消费者的油气需求长期得不到满足，就会造成现有消费群体的流失，给中国石油工业发展带来巨大的经济损失。如果石油工业为了实现油气产量的迅速提高而盲目加大勘探开发力度，就会造成资源的浪费、生态环境的破坏，反而不符合低碳经济发展的要求。在供需缺口及环保高要求的双重压力下，中国石油工业不得不选择增加油气资源进口量，以保证国内油气资源市场的需求。而目前中国油气资源进口渠道比较单一，容易对油气生产大国形成依赖，这不仅使国内油气价格受制于人，也不利于中国油气安全。因此中国石油工业应努力拓宽油气进口渠道，并加强国内油气储备建设，从而满足国内油气消费市场需求。

③ 石油天然气定价机制弊端凸显。

工业运行机制都有自身的弊端，只是在一定的市场条件下其劣势可被淡化甚至忽略，而一旦整体经济形势发生大的改变，这一机制的弊端便可能慢慢凸显，甚至出现严重不适应工业发展的问题。在低碳经济背景下，由于油气资源需求量的大幅增加，使得石油工业内部很多问题凸显，其中石油天然气定价机制弊端暴露，阻碍了中国石油工业的发展。

首先，国内成品油价格与国际成品油市场没能实现接轨。目前中国的成品油定价机制是以原油加成本的方法为主，具体来说就是原油运输到中国的到岸价，然后加上物流费用以及加工费用，再加上企业需要缴纳的税收和合理的利润。这一定价机制使得石油企业的利润空间能够得到基本的保证，不受国际市场的供需变化的影响，但这种定价方法的弊端是无法真实地反映市场信息。2020 年 3 月，中国发改委更是发出通知，决定完善成品油价格形成机制，进一步推进价格市场化，设定国内成品油价格调控设“天花板价”和“地板价”。其中调控上限（天花板价）为每桶 130 美元，下限（地板价）为每桶 40 美元。这种定价机制有利于保护国内原油开采企业，稳定国内的石油供应。另一方面，随着低碳经济的发展，石油资源需求迅速增加，国际油价如果出现大幅上涨的情况，而国内石油价格反应滞后，成品油价格处于偏低水平，这会导致国内炼油企业成本提高，利润降低，甚至出现入不敷出现象。

其次，定价机制存在时间上的滞后性。在现今信息高速发展的时代，油价波动滞后容易导致国内市场的投机行为，不利于反映真实的供需关系，导致石油市场的紊乱。目前中国的定价机制是发改委规定两次调价时间间隔不得少于 10 天，这就导致了国内市场价格变化和国际油价波动之间存在着一定的时间滞后性，这会在一定程度上引起国内市场需求的变化。

最后，在油气资源需求量大增的形势下，如何协调国内油气价格与进口油气价格也成了影响中国石油工业发展的重要因素。随着油气资源进口渠道的多元化，应协调好不同国家油气资源进口价格，协调好进口油气资源价格与国产油气资源价格，同时应实现国内油气价格与国际油气市场的良好接轨。如果中国油气资源定价机制问题解决不好，随着市场化程度的加深，中国石油工业发展就会受到严重阻碍，也不利于中国石油工业的国际合作。

5.1.4 技术环境

（1）勘探开发技术不断提升，但存在技术瓶颈。

目前基于中国特有的地质特征，已形成了一套具有中国特色的陆相油气地质理论，在油田老化项目和深水海域油气勘探开发技术方面取得重大进展，定向井、水平井钻井技术和注水开采、三次采油技术更是处于国际领先水平。但中国在低碳技术领域如二氧化碳封存和二氧化碳捕获等技术方面尚处于起步阶段，而国外的大型石油公司如BP、道达尔等在二氧化碳捕获与储存技术、生物发电、太阳能等技术上已取得了很大的进展。在清洁能源方面，中国天然气勘探开发技术创新速度加快，但中国天然气地质条件复杂，目前仍面临许多技术瓶颈问题。

（2）数字经济及智慧能源为石油工业发展提供了技术基础。

随着工业4.0时代的到来，信息化、自动化、智能化迅速发展，传统的生产技术逐渐被取代或颠覆，数字经济及智慧能源为石油工业的可持续发展奠定了技术基础。首先，数字化能够让石油工业的核心流程更加完善，使用最新的数字技术能够进一步推动基本的运营流程，石油企业能够实时关注运营指标，有足够的时间对各种商业计划进行相应的调整；能够帮助企业打造革命性的产品和业务，从根本上实现转型升级。其次，智慧能源战略能够帮助石油企业进一步提升生产效率，实现绿色发展，促进转型升级。智慧能源是指能够发现并应用客观规律的能源系统，其技术本质是通过构建连接机器、物料、人、信息系统的基础网络，实现对信息的充分感知、动态传输、实时分析，形成科学决策和智能控制，更好地解决能源清洁低碳、安全高效的问题。数字经济及智慧能源战略能够进一步提升石油工业的管理及生产效率，优化生产流程，促进产业内部的知识及技术共享，这对石油工业的低碳发展来说是有利的条件。

（3）区块链技术助推石油工业的发展。

区块链是分布式数据存储、点对点传输、共识机制、加密算法等计算机技术的新型应用模式。将区块链技术应用在石油工业中，将推动石油工业实现从“信息传输”到“价值传输”最后到“价值创造”的发展，实现以区块链创新应用为驱动，联通激活石油工业全产业链，提升优化全行业生态链效能，以交易智能撮合升级到智能执行交易的高级创新服务模式，为全生态链参与方创造价值提升空间。

5.2 中国石油工业的竞争环境分析

5.2.1 供应商议价能力

（1）中国石油工业硬件设施供应商的议价能力。

随着中国国内优质油气储量不足、勘探开采难度加大与国内对油气资源高需求之间的矛盾日益加深，中国对高、精、尖勘探开采设备的需求与日俱增。此外，在大力发展低碳经济的大背景下，传统的勘探开采设备已不能满足对高采收率、低损耗的需求，亟需引进与低碳技术相配套的相关设备，这就使得对这类设备供应商的议价能力增强。

（2）油气资源供应商的议价能力。

影响油气资源供应商议价能力的因素较复杂，其中最关键的包括两个方面：一是中国油气资源对外依存度较高；二是国际油价的波动。

随着全球油气资源的日益紧张，以及近年来频频爆发的金融危机和产油国的动荡局势，导致全球油气价格一路动荡上涨。中国国内对油气资源的需求逐年增长，2019 年，中国原油净进口量首次突破 5×10^{8}t 大关，原油对外依存度超过 70%；进口天然气 $1373\times10^{8}m^{3}$，对外依存度达到 45.2%。中国油气价格体制尚不健全，油气资源进口价格不能及时反映国际市场油气价格，还没有掌握油气价格定价主动权，油气供应国的议价能力较强。

2020 年 3 月俄罗斯与 OPEC（石油输出国组织）主导国——沙特阿拉伯无法达成进一步减产 150×10^{4}bbl/d 的协议，导致谈判破裂。随后，沙特阿拉伯开足马力增产。此举让本就供大于求的国际原油市场更加雪上加霜。国际油价大跌使得供应商的议价能力在一定程度上下降，保证中国石油工业获得所需要的原油。一方面，国际油价下跌有利于降低中国油气资源的进口成本，提升油气行业的利润水平；另一方面，国际油价下跌将造成能源的逆替代而使得中国石油工业进一步持续发展。

5.2.2 购买者议价能力

随着中国国内不断增长的能源需求和巨大的进口压力，积极推动中国石油工业市场化改制，其中价格改革更是迫在眉睫。2013 年十八届三中全会发布的《中共中央关于全面深化改革若干重大问题的决定》提出，要推进石油、天然气领域的价格改革，放开竞争性环节的价格，发改委将加快完善油气资源价格形成机制。2013 年 3 月底开始实施了新的成品油定价机制，使得国内油价与国际原油市场基本实现挂钩。2019 年，政府部门围绕落实《关于深化石油天然气体制改革的若干意见》出台多项政策，推进油气行业全面开放。同时全面推进矿业权竞争出让；改革油气管网运营机制，管住中间放开两头，深化油气价格形成机制改革，加强市场监管。油气行业体制机制改革已经打破原有行业壁垒，新政策的实施将进一步推动市场化进程。随着油气价格机制改革的逐渐深化，中国消费者的议价能力也逐步增强。

5.2.3 潜在进入者的威胁

虽然近两年中国石油产量呈现下降趋势，但是根据第3章定量预测的结果，随着勘探开采理论的日益成熟，勘探开采技术的日益先进，中国的油气产量还会呈现上升趋势。中国尚待开采的油气资源丰富，尤其是天然气和非常规天然气如页岩气和煤层气等探明程度较低，发展潜力巨大。面对潜力如此大的中国油气市场，国外石油、天然气公司纷纷来华投资，他们凭借自身雄厚的资本、先进的技术以及人才队伍对中国石油企业形成了巨大的竞争威胁。

5.2.4 替代品的威胁

油气资源的替代品主要包括煤炭、电力、核能、太阳能以及生物质能等。

煤炭由于它的储量优势和价格优势一直是中国的第一大能源。自推行低碳经济以来，中国的能源结构有所优化。从长远来看，油气资源在污染物的排放、热值方面较煤炭资源有较大的优势，国家也出台了很多政策鼓励天然气等清洁油气资源的大范围使用，从而促进低碳经济发展，实现节能减排。

近几年，在政府政策的支持和引导下，生物质能、太阳能、风能等新能源获得了长足的发展，在能源结构中占的比重更是逐年增长（图5.3）。由于中国风能

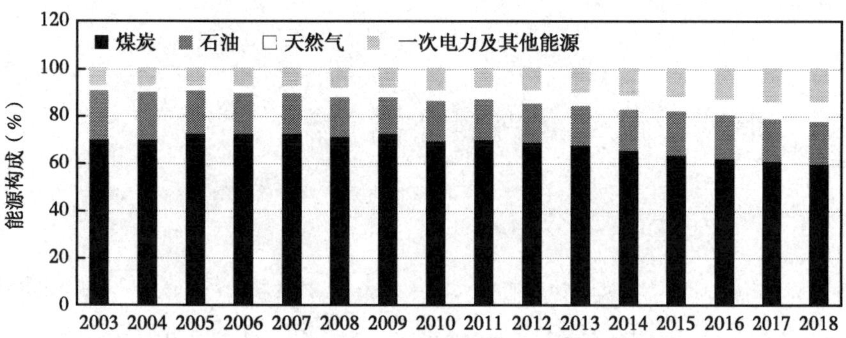

图5.3 2003—2018年中国能源构成

数据来源:《中国统计年鉴（2019）》

资源、水能资源丰富，风力、水力发电规模更是领先于世界水平。2018 年，非化石能源消费比重已经占到了一次能源消费比重的 14.3%，预计 2020 年达到 15%。发展势头和发展速度不容小觑，其中对中国石油工业起到主要影响的有生物燃料、电动汽车以及太阳能电池等。新能源作为化石能源的有效补充，已经在一定程度上成为中国石油工业的新挑战。

5.2.5 行业内现有竞争

（1）勘探开采环节。在上游勘探环节，国家对市场准入做出了严格的限制，目前只有中国石油、中国石化和中国海油等少数国有石油公司拥有开采权，而且三大石油公司实行北方、南方和海上的分区经营。中国石化主要在南方地区，中国石油主要在北方，而中国海油则以海上作业为主，当然近几年三大石油公司的发展也已经打破了地理限制，开始争夺四川以及西北的部分油田。

（2）油气运输环节。由于管道运输是以油气输送网络为基础的，存在自然垄断的特性。目前中国石油掌握了陆上绝大部分的管线，只有少量沿海油气管道掌控在中国海油手中。

（3）加工和成品油销售环节。2007 年 1 月 1 日中国正式宣称对外开放国内原油、成品油批发经营权，这一举动逐渐打破了原油资源靠政府统一调配、成品油由三大石油公司分割经营的局面，此后民营企业、外国石油公司以及社会经营团体都可以在原油和成品油市场分一杯羹。随着中国油气市场运行机制的进一步改革优化，中国石油工业的垄断竞争机制也将逐渐被打破，呈现出多元化竞争格局。

5.3 中国石油工业内部环境分析

5.3.1 产业生命周期分析

产业的生命周期是指一个产业从开始产生到最终衰退的整个成长的过程，它包括四个阶段：初创期（幼稚期）、成长期、成熟期和衰退期（图 5.4）。初创期是指产业刚诞生不久，产业中厂商较少，由于产品的投入和研发费用较高导致产品价格偏高，风险较大，但这一时期市场增长率较高，行业进入壁垒偏低。成长期是指企业开始逐渐成长壮大，产品为消费者所接受，市场需求持续上升同时新的产业开始繁荣兴起，产品开始从单一、低质向多元化发展，同时由于市场日趋饱和，部分产品的销售增长率减慢，行业开始进入稳定期，但是部分新型产品开始逐渐占领市场，整个行业仍然呈现增长趋势。成熟期是指整个产业的产品种类和价格趋于稳定，市场趋于饱和，产业的增速远远低于国内生产总值的增速，原有的产品技术已经成熟，行业盈利能力下降，行业壁垒较高。衰退期是指产业市场增长率呈现负值，产品品种和厂商数目减少，整个产业开始逐渐解体。

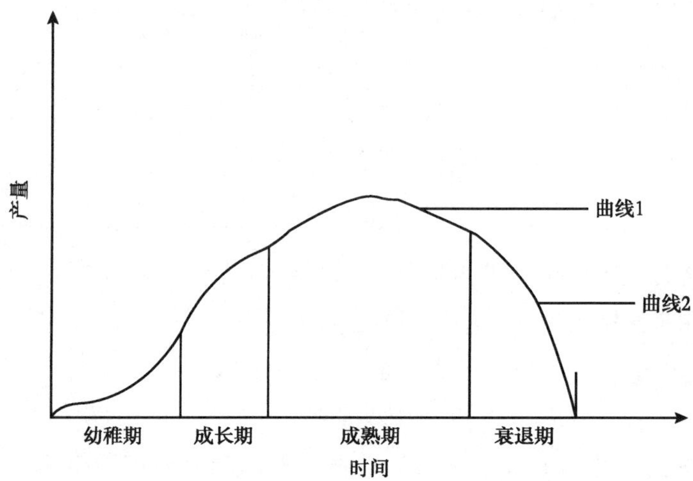

图 5.4　产业生命周期图

产业生命周期的成熟期持续的时间往往比较长，是一个产业成长过程的转折点，一个产业走到成熟期会根据产业的内部资源和外部环境的不同呈现出不同的成长曲线，大致分为三种类型：一种是产业长期处于成熟期，形成稳定的产业；第二种是因为技术创新等内部能力增长或政策支持等外部机遇增多的原因，产业会推出新产品、实现产业链的延伸或拓展新市场，实现产业的持续成长，长期处于成熟前期，即曲线 1 前半段；第三种就是产业由于自身资源能力不足或者外部环境恶劣而进入衰退期，即曲线 2（图 5.4）。

本书从宏观的角度定义产业的成长，事实上产业的成长贯穿于它的整个生命周期，直至产业完全退出市场才结束，而产业的成长战略也不仅仅是产业生命周期中成长期的战略，无论产业处于生命周期的哪一个阶段都有与它资源环境相匹配的成长战略[90]。

判断一个产业的生命周期要从产业产品的需求弹性、消费者数量、市场增长率、利润、技术和行业进入壁垒等多个方面进行分析（表 5.1）。

表 5.1　产业生命周期各阶段特征

特征	幼稚期	成长期	成熟期	衰退期
消费者数量	少	增加	大众	减少
产量	低	增加	基本稳定	降低
市场增长率	较高	高	不高，趋于稳定	降低，小于零
利润	低	提升	达到最高	下降
市场集中度	低	增加	很高	降低
技术	不成熟	逐渐成熟	成熟	逐渐被淘汰
行业进入壁垒	低	提升	最高	企业退出

首先，从石油工业的消费者数量方面分析，石油工业的主要产品包括石油、常规天然气和非常规天然气。中国石油工业获得了长足的发展，它的产品涉及生产生活的方方面面，几乎所有的人都是它的消费者。

其次，从生产技术方面分析，中国石油工业技术基本成熟，但是在发展低碳经济的背景下，石油工业缺乏在节能减排、新能源开发以及低碳相关的先进技术，与国外先进石油工业相比，中国石油工业在生产技术方面成熟度不足，还有很大的成长空间。一直以来，中国石油工业的技术进步速度加快，创新能力逐渐增强，成长能力较强。

最后，从产业集中度和行业进入壁垒方面分析，中国石油工业的产业集中度很高，属于寡头垄断的市场结构，且由于对资本技术和规模的要求很高，因此行业的进入壁垒很高。

通过以上分析可以看到，中国石油工业目前处于产业生命周期的成熟期，其中石油发展时间更长，成熟度高于天然气，在市场增长率和技术等方面都已经成熟，而天然气处于成熟前期，近几年发展势头较猛，在技术和产量方面都还有较大的发展空间。同时中国石油工业需求旺盛，在政府鼓励发展低碳经济的相关政策的支持下，中国石油工业逐渐摆脱生产石油这一单一的生产模式，转为生产石油、天然气和非常规油气资源以及可再生资源的多元化产品生产结构。

5.3.2 中国石油工业的SCP分析

SCP（structure-conduct-performance，结构—行为—绩效）分析模型是由美国哈佛大学产业经济学权威贝恩、谢勒等人建立于20世纪30年代。该模型提供了一个既能深入具体环节，又有系统逻辑体系的市场结构（Structure）—企业行为（Conduct）—经营绩效（Performance）的产业分析框架。利用该模型分析中国石油工业的结构、行为以及绩效，有利于更好地了解低碳经济背景下其发展的优势及劣势。

（1）市场结构分析。

① 市场集中程度。

产业的市场集中度是市场结构最重要也是最基本的指标，它主要反映了产业中少数几家企业的生产量、销售量以及销售利润等对这一产业的支配程度。中国石油开采行业表现出高度垄断的特征。仅有四家公司享有国内油气勘探开发权，分别为：中国石油、中国石化、中国海油和延长石油。中国石油开采领域的主要参与者为中国石油、中国石化和中国海油三大公司。中国三大石油公司的原油产量及天然气产量占全国总产量90%以上，占据绝对的垄断地位。

② 产品差异化。

产品差异化是指与其他同业企业相比自身提供产品的差异程度。中国石油企业所提供的产品种类大致相同，且缺乏高、精、尖等能满足战略新兴产业的高附加值石油化工产品，主要原因在于生产技术的相对落后以及对产品营销和公司、产品形象塑造方面的意识缺乏。

③ 市场进入和退出壁垒。

中国石油工业的政策性壁垒较高，尤其是在开采权和进出口经营权方面管制较为严格。这使得中国民营企业进入石油产业的难度较大。

（2）企业行为分析。

① 广告行为。

以润滑油市场为例，在技术和产品质量相差无几的情况下，消费者却抛却自己本土的品牌去选择“洋油”，导致国内润滑油市场的80%左右被国外大型石油公司占据着，原因就是国内石油品牌在提升自己品牌形象、产品形象方面意识淡薄。

近几年，中国石油公司开始注重广告营销，通过广告将自己的品牌、产品信息传达给消费者。最普遍的广告营销就是石油公司的加油站宣传广告。近年来中国各大石油公司开始赞助诸如奥运会、全运会等重大文体活动，通过广告营销在一定程度上提高了各石油公司的知名度。

② 兼并重组行为。

1998 年中国完成了石油工业的市场化重组，形成了中国石油、中国石化和中国海油三大石油公司，后三大石油公司又进行了集团内部的重组改制。随着中国石油工业“走出去”步伐的加快，三大石油公司又开始了海外的兼并。近年来海外并购事件更是层出不穷，例如 2019 年 12 月 12 日，中国石油宣布以 16.3 亿美元代价购得原必和必拓持有的澳大利亚布劳斯 LNG（液化天然气）一体化项目股份。14 日，加拿大公司 Encana 公告，与中国石油成立合资公司共同开发加拿大阿尔伯塔省中西部 Duvernay 地区的页岩凝析气资源，中国石油投资 22 亿美元获得 49.9% 的合资公司股权。目前，中国石油公司海外油气业务已经覆盖了 30 多个国家和地区，海外的兼并重组行为成了中国石油公司获取海外资源、优化企业内部资源配置、提升企业内部能力的重要手段。

③ 低碳技术研发行为。

随着中国油气勘探开采环境的日趋复杂，开采难度日益加大，特别是自从低碳经济发展战略提出以后，油气资源利用率、节能减排、新能源等领域对技术水平的要求越来越高。中国石油公司也越来越意识到，谁掌握了核心、前沿的技术，谁就掌握了未来油气市场发展的主动权，谁就占据了竞争优势。近年来，各石油公司也加大了科技研发力度，研发经费的投入和技术人才的引进方面都取得了重大进展，但和国外大型石油公司相比仍处于落后状态。

（3）市场绩效分析。

① 产销量和利润水平。

以中国石油为代表的中国大型石油公司在油气产品的产销量上占据优势，在 2019“美国石油情报周刊”评比的世界 50 家大石油公司综合排名中，中国石油位列第三位，连续 19 年位居前十，其中其油气储量保持第 8 位，原油产量列第 5 位，天然气产量列第 3 位，炼油能力列第 2 位，油品销售量列第 11 位。从表 5.2 中数据可以看出，中国石油公司不仅在油气产量，而且在炼油能力方面都具有较强的竞争力。

表 5.2　2019 年中外石油公司主要指标对比

	中国石油	沙特阿拉伯国家石油公司	埃克森美孚	BP
原油产量（10^4t）	17710	58145	11330	10955
天然气产量（10^7m^3）	1380	1018	972	895
炼油能力（10^4t）	25060	15580	23620	9450

数据来源：美国《石油情报周刊》，2019 年 11 月。

2019 年，中国炼油能力自 2014 年后再次加快增长，全年新增炼油能力 2850×10^4t，均来自民企，总能力升至 8.6×10^8t/a。按正常的开工水平、合理的成品油收率、满足国内成品油需求及尽可能大量出口测算，中国年炼油能力已至少过剩 1.5×10^8t，过剩形势严峻。炼油业生产运行呈“三增三降一稳”特点：原油加工量、全国炼厂平均开工率、成品油净出口量增长；炼油利润、成品油收率、生产柴汽比下降；成品油产量增长总体稳定。这说明中国石油工业急需供给侧结构改革，不断消化过剩产能，实现结构升级。

② 规模经济水平。

规模经济是指由于生产技术更新、专业化水平提高、规模扩大等原因，使企业的单位产品成本下降的经济现象。也就是说企业产量的上升、规模的扩张可以提高单个产品的利润率。在石油行业，石油公司之间的兼并重组是优化石油公司内部资产，提升公司规模经济的重要途径。中国三大石油公司在海外并购方面收效明显，在很大程度上提高了自己在国际市场上的市场份额，降低了生产经营成本，优化了企业内部投资结构，提高了国际竞争力。

③ 环境效益水平。

在发展低碳经济的背景下，在关注石油工业产销能力、盈利水平的同时不能忽视它的环境效益水平，现在已经不能再走牺牲生态环境换取短暂利益的老路。中国石油工业今后的发展应该是立足于低碳环保和可持续发展，但是由于中国低碳发展之路还处于起步阶段，很多落后的生产技术和设备没来得及淘汰，粗放型的经济发展模式依然存在，相对于国外，一次能源消费二氧化碳排放量依然在持续走高。

5.3.3　有形及无形的资源能力分析

分析产业自身拥有的资源和能力，能够判断自身的资源是否充足，能力是否强大，进而为产业战略的选择提供参考。产业的资源能力分为无形资源和有形资源两种，是产业的基本要素，也是在产业活动中要转化为能力的基础。

分析中国石油工业的资源和能力，可以从资源量、勘探潜力、管网建设、技术能力、产业结构、法律体系以及价格等几个方面和国外石油工业发达国家进行比较分析。近几年，中国油气产业不断增加投资，石油工业的有形资产以及无形资产价值不断提升。

（1）固定资产投资增加。

中国经济一直处于高速增长阶段，中国国内生产总值逐年稳健上升。近年来，国家对中国石油工业的投资力度较大，主要集中在石油及天然气开采业和炼油加工业。从图 5.5 可以看出，2014 年之前，中国石油工业的固定资产投资呈现持续上升的趋势，2014 年之后，由于国际油价下跌，固定资产投资力度呈下降趋势，但是总体来说，固定资产投资仍然较高，为中国石油工业创造了良好的成长环境。

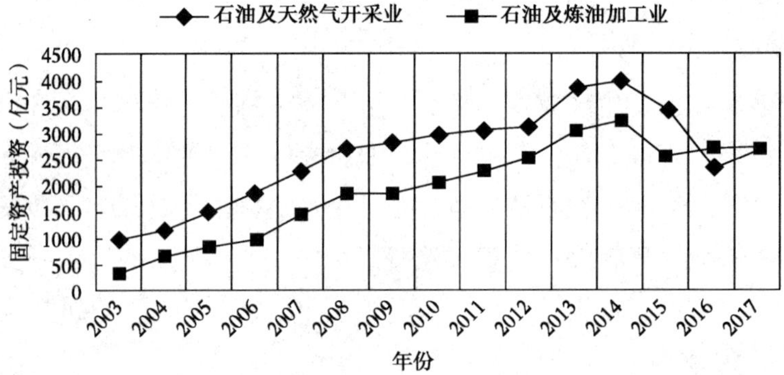

图 5.5　2003—2017 年中国石油工业固定资产投资

资料来源：国家统计局

（2）法律制度不断完善。

2019 年，政府部门加大石油天然气体制改革力度，取得重大进展。中共中央、国务院出台《关于营造更好发展环境支持民营企业改革发展的意见》，油气行业全面对民营和外资企业开放。新的政策允许民营企业进入油气勘探开发、炼化和销售，原油、天然气、成品油储运和管道输送等基础设施建设领域，支持符合条件的企业参与原油进口、成品油出口，油气行业全面开放的格局即将形成。改革油气管网运营机制取得重大突破，正式成立国家石油天然气管网有限公司，管住中间放开两头，提升集约输送和公平服务能力，推进油气行业市场化进程。

但是与国外发达国家石油工业相比，中国的石油工业仍然存在一些问题，具体见表5.3。

表5.3 中国石油工业有形及无形资源能力分析

	评价内容	国外发达国家石油工业	中国石油工业
有形资源	资源量	丰富	丰富
	管网设施	完善、开放	较不完善、垄断
	机械装备	先进、效率高	较落后、效率较低
无形资源	技术能力	技术发达	技术较落后
	产业结构	合理、高效	不合理、效率低下
	法律制度	法律法规健全	法律法规不健全
	价格	市场定价	政府指导定价

5.3.4 中国石油工业价值链分析

迈克尔·波特提出的价值链理论最初被应用在企业的内部，它反映了企业运作时的一系列产生价值的活动，并对企业的活动进行分解，对每个活动本身以及活动间的相互关系进行分析，基于此来确定企业的价值与优势所在。因此后来价值链逐渐应用到产业上，产业价值链即分析产业链上产生价值的环节，而产业的优势也体现在价值链上某些特定环节的优势，运用价值链分析产业的内部能力和核心竞争力，要求密切关注产业在创造价值的关键环节，以形成和巩固产业内的竞争优势。

中国石油工业的价值链可以分为基本活动和辅助活动两个部分，其中基本活动包括油气资源的勘探开采、油气产品的储备和运输、油气炼制加工和化工、油气和化工产品的销售以及生产和工程技术服务；辅助活动包括人力资源的优化管理和配置、战略管理和风险管理活动、技术研发和技术创新活动以及基础设施建设和机器设备管理（图5.6）。

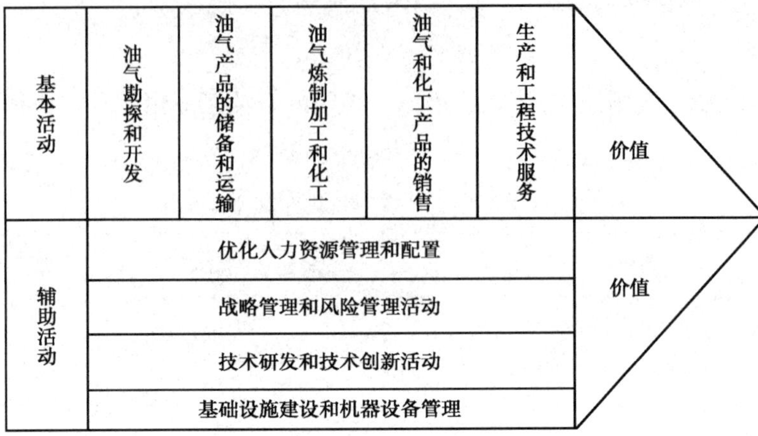

图 5.6　中国石油工业价值链

中国石油工业的价值链涵盖产业链的上游勘探开发，中游的油气储运，下游的产品销售和辅助四个部分，在不同的部分和活动中均有价值的产生，并且各个部分紧密联系在一起。

（1）油气勘探和开发环节。

油气勘探就是为了寻找油气资源而利用各种技术和手段探测地区的地质储油状况，主要包括石油聚集地区和石油圈闭的寻找、油田面积和油层情况的探测以及产出能力的评估三个方面。油气开发就是基于油气勘探结果，制定出符合地质状况的合理、高效的开发方案，其中又包括一系列勘探开发设备的部署和技术的运用等。总体来说，油气勘探开发环节具有高投入、高风险性以及技术密集型特点，这个环节的价值主要体现在相应的技术、风险回报以及投资和生产成本。

要控制上游勘探开发环节的风险和成本，增加这个环节的价值，就要强化这个环节的目标成本控制，及时更新设备和技术来降低成本，提高采收率并降低能耗，另外一个重要的方面就是要将从国外引进的技术和设备充分吸收、内化，转化为自身的能力和优势。

（2）油气储备和运输环节。

油气储备和运输环节是油气资源的中间环节，主要起到了油气资源上下连接的桥梁作用。油气资源的储备和运输能力是制约国家油气安全的重要因素，也在中国石油工业国际化发展和“西气东输”的过程中起到了关键的作用。中国大力发展天然气产业，也伴随着大量天然气管线的建设，随着 LNG 和 LPG 业务的兴起，远洋运输和瓶装运输也成为中国油气储运的重要环节。

要完善中国油气管线的建设，保障油气输送的安全和高效，政府就必须加大对管网建设的投资，不断完善管网建设。同时也要逐渐打破管输环节的垄断，放开管网建设，并鼓励多方投资，提高管网安全系数和效率。

（3）油气炼制加工和化工环节。

油气的炼制加工环节是将从地下开采出的油气资源进一步进行炼制加工，这一过程赋予油气资源更高价值和更加多元化的用途。油气炼制和加工主要包括两个方面：一是基本层次的加工，主要的产品是汽油、煤油、柴油等燃料油以及相应分离出的沥青、石蜡等产品，二是更加深层次的加工，主要的产品是苯类、乙烯类和乙炔类等化工原料，将这些原料再进一步深加工和合成就可以生产出合成纤维、合成橡胶、合成树脂以及化肥、农药等产品。

油气炼制环节产品品种的多样化和精细化程度直接影响着产品的市场竞争力，随着经济社会发展对精细、高附加值和清洁石油化工产品需求的与日俱增，中国石油工业暴露出来的生产方式粗放、产品附加值低等缺点直接制约着中国石化产品板块的销售量和盈利情况。在大力发展低碳经济的环境下，油气炼制加工和化工要优化区域部署，走集约化、一体化道路，集中配置资源。与此同时也要加强技术创新和研发能力，降低生产成本，减少生产过程中的资源浪费，生产附加值高、清洁高效的产品以适应低碳发展的要求和市场的需求。

（4）油气化工产品销售环节。

油气和化工产品的销售是将其展现给消费者并让消费者接受的环节，也是将油气制品最终转化为市场价值和利润的环节，这个环节的价值增长主要体现在产品的利润率和市场占有率。油气和化工产品的销售环节要实现销售网络的优化、提高销售管理水平并且要进一步推进油气和化工产品的品牌化建设，品牌是产品价值的重要组成部分，产品品牌的创建和影响力的提升也是中国石油公司的发展方向。

（5）生产和工程技术服务环节。

石油工业的生产和工程技术服务环节是指在油气勘探生产过程中提供的技术服务，是中国石油工业开展海外业务时重要的增值环节，它能为企业分散风险并换取油气资源开采权力，也是越来越受到石油公司重视的产业增值环节。该环节主要包括勘探开采过程中的地球物理、钻探井及井下作业相关业务的服务，也包括油气田工程建设过程中的炼化建设、油气存储和运输建设、地面和海洋工程建设服务，以及硬件设施和设备制造服务等。

生产和工程技术服务环节贯穿于整个产业链上、中、下游，是中国石油工业价值链的重要一环。随着中国石油工业国际步伐的进一步加快，石油公司品牌建设逐渐受到重视，该环节越来越受到重视，它也是中国石油石化产品重要的增值环节。

5.3.5 低碳经济下中国石油工业的内部优势和劣势

（1）中国石油工业的内部优势。

① 中国油气资源丰富，勘探开发潜力大。

中国石油资源丰富，根据2019年中国油气资源动态评价，全年新增探明油气地质储量当量达到18.4×10^8t，创历史新高，这一储量可以保证一个千万吨级油田稳产10年以上。除传统的油气资源外，中国非常规天然气凭借其资源储量丰富、分布集中以及清洁高效等优势迎来了广阔的发展前景。据估计，中国主要盆地和地区的页岩气资源量约为$21\sim45\times10^8m^3$，近年来也加大了在抚顺、农安、桦甸以及龙口等地的勘探开发力度。中国的油气产量仍处于稳步增长阶段，发展潜力很大。

② 中国油气资源市场需求旺盛。

中国持续高速增长的经济导致中国对能源的需求高速增长。石油作为中国工业产业的基础，其需求涉及国家生产生活的方方面面，平常的衣、食、住、行都离不开石油、化工制品。可见人类对油气资源的需求是永无止境的，没有油气资源，人类的生活就无法进行，因而一直以来油气能源在全球范围内的争夺从未平息过。近年来，中国成品油需求量一直稳步增长，2019年，中国天然气消费量突破$3000\times10^8m^3$（$3040\times10^8m^3$），同比增长9.6%，占一次能源总消费量的8.3%；2019年，国内原油表观消费量达6.96×10^8t，同比增长7.4%，用气人口逐年增长并超越液化石油气，且中国天然气消费已覆盖所有省份。天然气消费展现出良好的势头，与此同时非常规天然气如煤层气、页岩气市场也逐步打开，发展潜力巨大。

③ 与替代资源相比有环保和价格优势。

中国现在能源消费以煤炭为主，煤炭是高碳排放能源，加重了温室气体的排放，不利于中国发展低碳经济。油气资源与煤炭相比，有着清洁、高效的优点，中国近年长期出现的雾霾天气也为大量使用煤炭资源敲响了警钟，减少煤炭资源的使用，加大油气资源的使用是中国发展低碳经济、保护环境的必经之路。而与可再生能源相比，油气资源又有着适用范围广泛、使用便捷、成本低等优点。中国可再生资源虽然丰富，但是分布范围有限，使用领域也有限，像风能和水力资源多用于发电，而太阳能和核能等因受限于技术和成本等因素适用范围也有限。

表 5.4　煤、石油、天然气的排放量　　单位：kg

排放物	一吨油	一吨煤	一吨天然气
二氧化碳	2510	5230	2430
二氧化硫	19.7（未脱硫）	7.8（80% 硫已脱）	—
二氧化氮	4.8（工业用）	13.1（工业用）	3.6（工业用）
一氧化碳	3~27	6~30	0.48~2.8
未燃烧	0.23	0.34	0~0.39
飞灰	—	1.4	—
灰尘	—	220	—

④ 在节能减排和低碳能源方面取得了一系列重要进展。

近几年来，在全国实施节能减排的大背景下中国石油工业更加重视技术创新，在降低石油化工产品生产过程中的单位能耗以及污染物的回收方面都取得了显著的效果。在低碳能源的勘探开发方面也取得了很大的进展，煤层气、页岩气的探明储量、开采量逐年上升，特别是石油公司在海外的油气权益逐年增长，通过与国际大型石油公司的合作，积累了一定的低碳技术和低碳能源勘探开发经验。

（2）中国石油工业的内部劣势。

① 中国油气资源分布不合理，勘探开发难度大。

中国油气资源丰富，探明程度低，发展潜力大。随着知识和技术的进一步积累和创新，增加探明率指日可待。但是也应该清醒地看到，中国东部地区油田已经进入了开采后期，绝大部分油田都出现了含水量高、增产难度大、油气品质低的特征，而西部地区石油地质条件复杂，开采难度大。中国海上油气资源非常丰富，勘探开发程度非常低，但是面临着技术难度大、开采风险高以及投资规模大的问题。中国的气田以中小气田为主，由于这些气田的地表条件和地质构造都很复杂，陆上勘探对象个性化很明显，很少有共性的气田，加上勘探项目埋藏一般都很深，对技术有更高的要求，造成中国天然气勘探开发的难度很大。在非常规天然气方面，煤层气已经取得了较快的发展，但是仍然缺乏适合地质条件的压裂、排采等关键技术和设备。页岩气储量虽然丰富但对它的开发利用刚刚起步，与美国相比，中国的页岩气藏有破坏严重、储层连续性差以及埋藏深等特点，缺乏一套适合中国地质情况的理论体系和相应的技术设备。

② 中国油气资源供不应求，对外依存度高。

中国油气资源总体储量不是很高，加上勘探开发技术落后，导致产量不能满足中国对油气资源过度增长的需求。近些年，由于政府一直把石油、天然气作为清洁能源来倡导，中国对油气资源的需求过度增长，导致供不应求，中国油气供给出现很大的缺口，需要靠进口来补充。从 2001 年开始，石油的对外依存度就达到了 28.5%，而从 2007 年开始，中国天然气就出现了供不应求的局面，2019 年石油对外依存度超过 70%，天然气对外依存度为 49.5%。中国油气资源供不应求，对外依存度逐年加大。近几年各个国家对全球资源的争夺愈演愈烈，石油资源国局势风云变幻，中国海上运输通道单一，风险大。如果中国越来越依赖于国外石油资源，将严重威胁到中国的石油安全。

③ 整体技术水平落后。

中国石油企业技术自主研发能力差，创新成果转化率低。企业往往受制于短期目标，科技创新观念淡薄；研发能力不强，缺乏自己的知识产权；对科研开发的投入严重不足；加工方式粗放，资源浪费严重；缺乏高层次的学术和技术带头人，专业技术人员稀缺。中国石油企业整体技术实力薄弱一方面导致原油开采加工成本居高不下，另一方面，虽然中国西部和海上储藏着丰富的原油，但因技术条件限制不得不与其他国家合作开发。不断增加科技研发投入，提高能源利用效率，开发清洁能源技术，大力发展节能减排技术是低碳经济的本质要求。技术创新是发展低碳经济的重要推动力，而中国石油工业整体技术水平落后，导致非常规油气资源和可再生资源开发进程缓慢、节能减排效果差、能效低等一系列问题。

④ 产业结构不合理。

产业结构不合理主要表现为产业布局不合理和产品结构不合理。

在产业布局方面，中国大部分的炼化企业布局分散，在同一地区内很难形成一体化园区，且大部分企业所生产的产品种类和档次都很类似，没有形成各自的特色和优势；小型炼油企业居多，且生产规模小、生产方式不规范甚至很多都不具备炼化一体化的条件，直接导致石化资源利用不合理，浪费严重；很多下游化工企业既远离资源地，又不靠近市场，原料和产品均需要长距离调运，直接增加了企业的经营成本。

在产品结构方面，目前中国大部分的石油石化产品仍是技术含量低的中、低端产品，产品质量较低，差别化程度不大。中国目前仍是资源密集型出口结构，高档润滑油、车用汽油、高浓度化肥、重质纯碱、离子膜烧碱等高附加值化学产品，有机硅、有机氟、工程塑料等高附加值化学新材料比重低，不能很好地满足市场的需求。

⑤ 石油工业管理体制滞后。

a. 油气价格机制不健全，与国际接轨程度低。国家近年来逐渐放开单一的油气价格计划模式，但是在很大程度上还是政府指导定价，而且国际油气价格的波动传导到中国需要一定的时间，也导致中国成品油价格在时间上的滞后性，不能灵敏地反映国际市场油气供需变化。中国需要健全油气价格机制以更好地指导油气产品的生产和消费。

b. 法律法规体系以及相关制度标准不健全。中国还没有组建专门的石油石化监管机构，在石油监管、油气价格、油气税收以及技术创新等方面的法律缺乏。中国石油工业肩负着节能减排、提高能效的使命和任务，需要政府部门出台相关的鼓励低碳技术创新和引进相关政策，并在财政支持和税收方面给予更多的优惠条件，以鼓励中国石油工业低碳化进程。

第 6 章　低碳经济下中国石油工业发展的 SWOT 分析及发展战略设想

低碳经济下，中国石油工业发展机遇大于挑战，面临良好的发展契机。为了更好地把握低碳经济带来的机遇，促进中国石油工业更好地发展，为中国石油工业的发展提出以下战略设想。

6.1　低碳经济下中国石油工业发展战略的 SWOT 分析

6.1.1　SWOT 分析矩阵的构建

通过前文对低碳经济下中国石油工业内、外部环境进行分析，构建低碳经济下中国石油工业的 SWOT 矩阵（表 6.1）。

表 6.1　中国石油工业的 SWOT 矩阵

石油工业内部条件		石油工业外部环境	
优势（S）	S_1 广阔的国内消费市场 S_2 中国油气资源方面有一定优势 S_3 中国人力资源方面有一定优势 S_4 油气勘探开发领域技术优势明显 S_5 炼油能力跃居世界前列 S_6 管理体制和水平得到改进	机会（O）	O_1 低碳发展战略机遇期 O_2 能源结构的调整 O_3 国民经济持续增长，对能源需求具有较强的刚性 O_4 发展低碳经济有助于产业结构调整和合理布局 O_5 发展低碳经济有助于中国石油工业提高管理水平 O_6 利用低碳技术将促进中国石油工业健康稳定发展 O_7 能源政策优化中国石油工业发展环境

续表

石油工业内部条件		石油工业外部环境	
劣势（W）	W_1 技术水平低，生产成本高 W_2 与国外比，中国石油工业管理体制和水平较落后 W_3 过度垄断行为依然存在 W_4 缺乏高层次技术和管理人才 W_5 信息系统建设较落后 W_6 油气资源消费结构不合理和供需缺口逐年加大	威胁（T）	T_1 节能减排行动与压力 T_2 传统化石能源被限制 T_3 低碳技术发展带来的转型压力 T_4 传统观念的挑战 T_5 低碳技术的挑战 T_6 新能源和可再生能源发展必将挤占传统化石能源市场 T_7 碳关税等会导致中国石油工业经营成本提高

从表中可以看出，低碳经济给中国石油工业的发展带来了一定的机遇与挑战，为了更好地分析中国石油工业的优势、劣势以及面临的机遇及威胁，明确提出中国石油工业的发展战略设想，对中国石油工业所处的内外部环境进行定量分析。

6.1.2 中国石油工业内外部因素综合评价

（1）外部环境评价。

在对中国石油工业外部环境各因素进行分析之后，通过外部因素评价矩阵（EFE），可以使中国石油工业对外部环境信息获得更加清晰、客观的认识。首先为每个因素赋予权重，数值为 0~1。然后为中国石油工业的各个外部因素进行打分。分值范围为 1（反应很差）到 4（反应很好）。采用问卷调查方法，向有关专家咨询每个关键因素对中国石油工业的重要性，共发出专业调查问卷 36 份，收回 26 份，回收率 72.2%，有效问卷 26 份。根据各位专家的评分及意见，计算各关键因素的权重及评分，建立低碳经济背景下中国石油工业的 EFE 矩阵（表 6.2）。

表 6.2 中国石油工业 EFE 矩阵

	机遇	权重	评分	加权分
O_1	低碳发展战略机遇期	0.12	4	0.48
O_2	能源结构的调整	0.10	3	0.30
O_3	国民经济持续增长，对能源需求具有较强的刚性	0.09	3	0.27
O_4	发展低碳经济有助于产业结构调整和合理布局	0.08	3	0.24
O_5	发展低碳经济有助于中国石油工业提高管理水平	0.04	2	0.08
O_6	利用低碳技术促进中国石油工业健康稳定发展	0.06	2	0.12
O_7	能源政策优化中国石油工业发展环境	0.08	3	0.24
小计		0.57		1.73

续表

	威胁	权重	评分	加权分
T_1	节能减排行动与压力	0.10	4	0.40
T_2	传统化石能源的消费被限制	0. 08	3	0.24
T_3	低碳技术发展带来的转型压力	0.10	4	0.40
T_4	传统观念的挑战	0.03	2	0.06
T_5	低碳技术的挑战	0.02	2	0.04
T_6	石油等传统化石能源市场被新能源所挤占	0.09	4	0.36
T_7	碳关税等会导致中国石油工业经营成本提高	0.01	2	0.02
小计		0.43		1.52
总计		1		3.25

中国石油工业的外部因素总加权得分为 3.25 分，大于平均值 2.5 分，说明在低碳经济背景下中国石油工业在一定程度上可以有效利用外部机遇来减少外部威胁带来的损失。

（2）内部环境综合评价。

根据各位专家评分及意见，计算内部环境各关键因素的权重和评分，并建立低碳经济下中国石油工业的 IFE 矩阵（表 6.3）。

表 6.3　中国石油工业 IFE 矩阵

序号	优势	权重	评分	加权分
S_1	广阔的国内消费市场	0.13	4	0.52
S_2	中国油气资源方面有一定的优势	0.06	3	0.18
S_3	中国人力资源方面有一定的优势	0.07	3	0.21
S_4	油气勘探开发领域技术优势明显	0.06	3	0.18
S_5	炼油能力跃居世界前列	0.12	4	0.48
S_6	管理体制和水平得到改进	0.05	3	0.15
小计		0.49		1.72
	劣势			
W_1	技术水平低，生产成本比较高	0.08	1	0.08
W_2	中国石油工业管理体制水平较落后	0.06	2	0.12
W_3	过度垄断行为依然存在	0.11	1	0.11
W_4	中国石油工业缺乏高层次管理和技术人才	0.12	1	0.12
W_5	中国信息化建设落后	0.04	2	0.08
W_6	油气资源消费结构不合理和供需缺口逐年加大	0.10	2	0. 20
小计		0.51		0.71
总计		1		2.43

由此可见，中国石油工业的内部因素总加权得分为2.43分，小于平均值2.5分，但从另一个角度看优势加权分数1.72大于劣势加权分数0.71，说明中国石油工业在一定程度上可以把握自身优势规避劣势，扬长避短从而不断提高竞争力。

6.2 低碳经济下中国石油工业发展战略的设想思路

根据内外部环境综合评价的结果，提出低碳经济下中国石油工业发展的设想思路。（表6.4）。

表6.4 低碳经济下中国石油工业发展战略设想思路

	优势S S_1 广阔的国内消费市场 S_2 中国油气资源方面有一定优势 S_3 中国人力资源方面有一定优势 S_4 油气勘探开发领域技术优势明显 S_5 炼油能力跃居世界前列 S_6 管理体制和水平得到改进	劣势W W_1 技术水平低，生产成本高 W_2 与国外比，中国石油工业管理体制和水平较落后 W_3 过度垄断行为依然存在 W_4 缺乏高层次技术和管理人才 W_5 信息系统建设较落后 W_6 油气资源消费结构不合理和供需缺口逐年加大
机遇O O_1 低碳发展战略机遇期 O_2 能源结构的调整 O_3 国民经济持续增长，对能源需求具有较强的刚性 O_4 发展低碳经济有助于中国石油工业调整结构和产业布局 O_5 发展低碳经济有助于中国石油工业提高管理水平 O_6 利用低碳技术将促进中国石油工业健康稳定发展 O_7 能源政策优化中国石油工业发展环境	SO战略 （1）差异化战略； （2）成长战略； （3）总成本领先战略； （4）利用战略机遇期发展自身 （5）积极调整能源结构和产业布局	WO战略 （1）提高科技创新能力和加强低碳技术发展； （2）完善管理体制，提高管理水平和效率； （3）培养高层次管理人才和高端技术人才； （4）完善石油工业信息系统，提高效率； （5）合理布局油气资源消费结构，增加石油供应渠道
威胁T T_1 节能减排行动与压力 T_2 传统化石能源被限制 T_3 低碳技术发展带来的转型压力 T_4 传统观念的挑战 T_5 低碳技术的挑战 T_6 新能源和可再生能源发展必将挤占传统化石能源市场 T_7 碳关税等会导致中国石油工业经营成本提高	ST战略 （1）加强节能减排，顺应低碳经济的潮流； （2）积极开拓广阔的国内消费市场； （3）利用人力资源方面的优势，积极开发低碳技术； （4）利用中国较先进的炼油能力，重新布局能源市场	WT战略 （1）积极开发新能源市场，转变能源结构； （2）借鉴国外先进技术和管理经验，弥补中国不足之处

（1）本书的研究是在低碳经济背景下展开的，因此在进行中国石油工业发展战略选择时，必须以低碳原则为指导，既要使制定的发展战略有利于中国石油工业的发展，又要符合低碳经济的要求，促进低碳经济发展模式的转变。实现低碳经济与石油工业发展相互协调、相互促进、共同发展，最终达到双赢。

（2）根据前面章节的分析和表6.1的总结，可以看出低碳经济给中国石油工业发展带来的一个突出机遇——油气资源需求增加，因此在制定石油工业发展战略时必须紧紧抓住“油气资源需求增加”这一点，再结合“中国油气资源利用结构不合理、利用程度有限、能源效率低”等以及低碳经济为石油工业发展提供的市场开拓的机遇，在制定战略时应该主要从挖掘多元用途完善油气资源利用结构、培育油气资源消费市场方面考虑。

（3）从前文的分析和表6.1，可以看出低碳经济下中国石油工业面临的一个突出挑战——供需矛盾剧增。为了抓住低碳经济下油气资源需求增加这一机遇，中国石油工业在制定战略时必须围绕“提高油气资源供应”这一点，并结合中国石油工业发展的现状“非常规油气资源储量丰富、非常规油气资源开发技术限制、地理位置优越，进口可以多元化”等，主要从加强国内常规油气资源开发，加强非常规油气资源的开发，实现进口渠道多元化提出战略设想。

（4）虽然低碳经济给中国石油工业发展提供了良好机遇，但在发展过程中还面临着许多问题和挑战，如管道安全问题突出，定价机制弊端凸显等，这些都成为严重阻碍中国石油工业发展的重要因素，所以必须高度重视，在制定战略时主要从进行定价机制改革、完善基础设施展开。最后还要充分考虑到政府的优惠政策和法律支持等。

（5）随着低碳经济的发展，新能源产业对中国石油工业形成了严峻挑战。当前由于技术水平的限制，新能源开发尚未形成商业化大规模开发局面，在中国能源消费结构中也仅占很小比重。然而低碳经济的发展为新能源的开发提供了动力，成为中国石油工业的强大竞争对手。当前新能源开发的初始阶段正是中国石油工业发展的机遇期，中国石油工业应把握这一机遇，努力进行网络体系建设、基础设施建设，充分挖掘并发挥其发展潜力，实现工业内部能源体系的多元化。同时引导人们的低碳消费习惯，提前占领低碳消费市场。

6.3 低碳经济下中国石油工业发展的战略目标

6.3.1 短期目标

（1）加快开发国内石油资源，保证一定比例的储量接替，并保持稳定的储采结构，在此基础上大力提高石油产量，缓解国内石油供需矛盾。争取到 21 世纪 30 年代，国内石油产量能保障 40% 的石油供应。

低碳经济下，石油资源供需矛盾仍是威胁中国经济发展的重要因素，这一矛盾越演越烈，引起了国家政府及企业的重视。国家加大优惠政策力度、加大资金投入支持石油勘探开发，各石油企业也加强技术研发，提高石油资源勘探开发效率，使得石油资源的生产量得以提高。根据这种发展趋势，到 21 世纪 30 年代中国国内有能力实现 40% 的石油供应。

（2）加大天然气资源开发利用，争取到 2030 年天然气资源在中国一次能源消费结构中比例达到 15%。低碳经济的发展使人们对低碳能源的需求增加，而天然气作为清洁高效的能源成为低碳能源的最佳选择，由此也带来了天然气资源需求量的大幅增长。天然气资源作为石油工业的主要产品之一，其需求量的增长必将促进中国石油工业的发展。2019 年中国天然气资源在一次能源消费结构中的比例为 8%，消费总量同比增长 9.6%。近 10 年来天然气资源消费量占中国一次能源消费结构的比例呈现稳步上升的趋势，再加上低碳经济因素必将导致中国天然气需求以更快的速度增长，因此到 2030 年天然气资源在中国一次能源消费结构中比例达到 15% 是可以实现的。

6.3.2 中期目标

（1）发挥市场与政府双重作用，继续加强油气定价机制改革，争取到 2030 年构建完善的符合现在市场化发展的定价机制，实现资源优化配置。

低碳经济背景下中国油气资源定价机制弊端逐渐凸显，成为中国石油工业发展的一大阻力。因此，中国石油工业要想抓住低碳经济发展机遇实现自身快速发展，就要促进定价机制改革。这就需要市场和政府协调作用，以市场作用为主，政府调节为辅，建立能真正反映市场供需关系的、符合市场化发展要求的油气资源定价机制。近年来中国石油工业一直在进行油气定价机制改革并取得了一定成效，有了明确的改革方向，也为以后的定价机制改革积累了丰富的经验。在此基础上借鉴国外先进经验推进中国定价机制改革，逐步构建完善的符合现在市场化发展的定价机制是可行的。

（2）继续加强管网基础设施建设，在现有管网基础上进一步加强城市管网建设，争取到2030年普及应用管道自动化技术，形成现代化的管道网络体系。同时应借鉴国外经验加强管道安全管理，建立管道安全事故应急机制。

低碳经济形势下中国石油工业要加快自身基础设施建设，加强管道网络体系建设，从而帮助人们形成有利于石油工业发展的消费习惯，培养稳定的消费群体，以应对未来新能源给石油工业带来的冲击。同时，煤层气基础设施建设、页岩气输送基础设施建设也应提上日程。目前中国石油工业油气管网等基础设施建设已不断完善，基础设施建设已有较成熟的技术体系，在此基础上借鉴国外成功经验，引进先进技术，普及应用管道自动化体系是指日可待的。此外，应意识到管道安全管理的重要性，加强原有管道安全检测维修，注重新建管道质量监管维护，借鉴国外经验建立管道安全事故应急机制。

（3）加强中国非常规油气资源开发技术的研发，通过自主和合作，争取到2040年形成中国非常规油气资源低成本开发技术体系，实现煤层气等非常规油气资源的大规模开发利用。

中国非常规油气资源储量丰富，发展潜力巨大，可以作为常规油气资源供应的重要补充，是中国石油工业未来发展的重要方向。但目前由于技术水平限制，非常规油气资源尚未实现大规模商业化开发。因此，中国石油工业应加大非常规油气资源勘探开发技术研发，早日实现非常规油气资源大规模开发，缓解中国石油工业油气资源生产压力。2011年中国煤层气资源产量首次突破百亿立方米，这标志着中国煤层气产业已进入高速发展的初级阶段。同时，中国页岩气资源勘探开发也进入探索阶段。各种非常规油气资源发展条件优越，发展潜力巨大，只要实现了技术突破，其开发利用将取得跨越性的增长。而中国有常规油气资源开发的成熟技术体系，又可以借鉴国外非常规油气资源勘探开发的先进技术，为早日实现非常规油气资源开发技术体系的突破提供了捷径。因此，20年内非常规油气资源的大规模开发是可能实现的。

（4）积极开展能源外交，增加中国油气资源进口渠道，完善油气资源多元化进口渠道，减少对少数油气大国的过分依赖，降低进口成本，增加油气供给，缓解国内油气供需矛盾。争取与周边国家及各油气生产大国建立并维持良好的合作关系。同时，注重进口能源多元化，多种能源共同发展，实现国内能源消费结构优化。

低碳经济给中国石油工业发展带来的最大机遇就是油气需求量的大幅增加，要想使这一机遇真正促进中国石油工业发展，就要提供相应的油气供应，这就对中国石油工业油气资源产量提出了挑战。在国内油气资源产量增长现状的条件下，油气进口是满足中国油气需求市场的必然选择。然而，进口渠道的单一化使国内石油工业形成对油气生产大国的过度依赖，对中国石油安全构成威胁。因此，加强与周边国家及油气生产大国的友好关系，促进油气进口渠道多元化就被提上议程。进口能源的多元化对于维护中国石油安全也有重要意义。近年来，中国已与俄罗斯等油气生产大国建立长期战略合作关系，石油安全问题开始得到缓解。借鉴现有合作经验，再加上国内油气定价机制等影响国际能源合作的相关机制的逐步改革完善，中国在能源进口方面必将逐步走向多元化。

6.3.3 远期目标

加强低碳经济的舆论宣传，基本实现两个转变：一是人们对能源消费观念的转变，在整体把握发展大势的前提下，为了满足经济发展需求，既要继续开发利用传统的化石能源，又要加强技术研发升级，实现化石能源的清洁化、高效利用，提高能源利用效率，减少碳排放量；二是中国石油工业内部逐步建立低碳发展体系，使低碳意识潜移默化地影响企业员工，实现工业在经济发展与环境效益中的均衡。

6.4 低碳经济下中国石油工业发展的战略任务

（1）立足国内，开拓国际，保障油气供应。

低碳经济为中国石油工业发展带来的一大机遇就是石油工业地位提高，油气资源需求增加，这可以为中国石油工业发展带来巨大的经济效益。因此，增加油气资源供给成为当前石油工业发展的重要任务。然而，仅仅依靠加大国内油气资源勘探开发力度对弥补中国油气资源供需缺口是远远不够的。因而在保证国内油气供应的基础上，还应以全球化眼光制定发展战略，将油气资源开发视角扩展到全球，通过多种途径与各国开展石油贸易，利用两个市场、两种资源缓解国内油气供需矛盾，促进中国石油工业发展。

（2）加强技术研发，开发非常规油气资源。

低碳经济发展带来了油气资源需求量的高速增长，为中国石油工业发展注入了新的活力。然而，常规油气资源产量的增加远远不能满足其需求量的大幅增加，这又给中国石油工业带来了巨大的生产压力。结合中国非常规油气资源储量丰富的原有优势，中国石油工业应将非常规油气资源作为缓解生产压力的选择。而目前非常规天然气开发的一大困境就是勘探开发难度大，现有技术水平导致其无法实现大规模商业化开发。因此，中国石油工业当前的重要任务便是加强技术研发，促进非常规油气资源开发。

（3）提高油品品质，挖掘油气多元用途。

目前中国油气产品多以初级产品为主，主要用于化工生产和化学燃料，产品科技含量低。低碳经济背景下，为了响应低碳经济要求，同时促进中国石油工业新发展，就应该促进中国油气产品深加工，提高油气产品品质，促进高端产品生产。此外，应在更大范围内倡导天然气发电等低碳用途，提高天然气发电比例，优化天然气利用结构。

（4）市场与政府相协调，共同促进油气定价机制改革。

低碳经济背景下中国油气资源定价机制弊端逐渐凸显，成为中国石油工业发展的一大阻力。因此，中国石油工业要想抓住低碳经济发展机遇实现自身快速发展，就要促进定价机制改革。这就需要市场和政府协调作用，以市场作用为主，政府调节为辅，建立能真正反映市场供需关系的、符合市场化发展要求的油气资源定价机制。

（5）加大科技投入，提高能源效率。

低碳经济的显著特点就是低能耗、低污染、低排放，这也是对中国石油工业发展提出的新要求。中国石油工业目前整体能源效率与国际先进水平有较大差距，在产业链的各个环节都存在着资源浪费、环境污染问题。因此，为了适应低碳经济的发展，提高能源效率是中国石油工业必须要坚持的重要任务。能源效率的提高主要依靠科技水平的提高，因此中国石油工业应将投资重点向科技研发方向倾斜。

（6）加强管网等基础设施建设，加强管道安全管理。

基础设施建设是中国石油工业稳步发展的基础，近年来中国石油工业管网基础设施不断完善，但仍存在很多问题，特别是在管道安全管理方面，许多安全隐患已经暴露出来。因此，加强管网基础设施建设成为中国石油工业发展的重点。

第 7 章　低碳经济下中国石油工业发展战略选择及实施

低碳经济为中国石油工业提供了巨大的发展机会，石油工业需求不断增强，中国石油工业要想抓住这个机遇，必须选择合适的发展战略。

7.1　战略选择

由表 6.4 可知，中国石油工业的竞争战略备选方案有：5 个 SO 战略方案，5 个 WO 战略方案，4 个 ST 战略方案，2 个 WT 战略方案。目前，需要通过 IE 矩阵和 QSPM 矩阵分析得出中国石油工业发展战略的选择。

7.1.1　IE 矩阵

根据中国石油工业的内外部因素评价矩阵分析，外部因素评价矩阵加权总得分为 3.25 分，内部因素评价矩阵加权总得分为 2.43 分。由此可见中国石油工业处在第二象限，这表明中国石油工业的内外部环境评价分数比较高（表 7.1），处在增长型和建立型的区间，所以应该采取增长型战略和积极的投资扩展战略，相对应表 6-4SWOT 分析矩阵中 SO 战略。即在低碳经济背景下中国石油工业具有

表 7.1　IE 矩阵

		IFE 矩阵加权评分		
		（4.0~3.0）强	（3.0~2.0）中	（2.0~1.0）弱
EFE 矩阵加权评分	（4.0~3.0）高	I	II	III
	（3.0~2.0）中	IV	V	VI
	（2.0~1.0）低	VII	VIII	IX

明显的外部机会和内部优势的反应能力，说明对中国石油工业来说，SO 战略是最佳战略组合。中国石油工业具体应选择哪几个发展战略，还必须运用 QSPM 矩阵对 SO 战略中的 5 个备选战略进行排序。

7.1.2 QSPM 矩阵

由表 7.2 可知，$SO_1 > SO_2 > SO_3 > SO_5 > SO_4$，排名前两位的战略分别为 SO_1 和 SO_2，得分分别为 6.72 和 5.94。因此，在低碳经济背景下中国石油工业优先采取的外部机遇与自身优势相结合的 SO 战略，即多元化成长战略以及差异化竞争战略。

表 7.2 中国石油工业 QSPM 矩阵

关键因素		权重	增长型战略（SO 战略）									
			SO_1		SO_2		SO_3		SO_4		SO_5	
			AS	TAS	AS	TAS	AS	TAS	AS	TAS	AS	TAS
外部机会	O_1	0.12	4	0.48	3	0.36	3	0.36	2	0.24	2	0.24
	O_2	0.10	4	0.40	3	0.30	3	0.30	3	0.30	3	0.30
	O_3	0.09	5	0. 45	4	0.36	4	0.36	1	0.09	2	0.18
	O_4	0. 08	4	0.32	3	0.24	2	0.16	2	0.16	3	0.24
	O_5	0.04	3	0.12	3	0.12	3	0.12	4	0.16	1	0.04
	O_6	0.06	3	0.18	4	0.24	3	0.18	2	0.12	3	0.18
	O_7	0.08	4	0.32	3	0.24	3	0.24	3	0.24	3	0.24
外部威胁	T_1	0.10	4	0.40	3	0.30	2	0.20	2	0.20	2	0.20
	T_2	0.08	3	0.24	3	0.24	2	0.16	1	0.08	2	0.16
	T_3	0.10	3	0.30	3	0.30	2	0.20	1	0.10	2	0.20
	T_4	0.03	2	0.06	2	0.06	2	0.06	2	0.04	3	0.09
	T_5	0.02	3	0.06	4	0.08	2	0.04	2	0.04	2	0.04
	T_6	0.09	3	0.27	3	0.27	2	0.18	1	0.09	2	0.18
	T_7	0.01	2	0.02	3	0.03	2	0.02	2	0.02	2	0.02
内部优势	S_1	0.13	4	0.52	3	0.39	2	0.26	3	0.39	3	0.39
	S_2	0.06	3	0.18	3	0.18	2	0.12	1	0.06	2	0.12
	S_3	0.07	2	0.14	3	0.21	2	0.14	1	0.07	2	0.14
	S_4	0.06	3	0.18	4	0.24	2	0.12	1	0.06	2	0.12
	S_5	0.12	5	0.60	4	0.48	3	0.36	1	0.12	1	0.12
	S_6	0.05	2	0.10	2	0.10	2	0.10	2	0.10	2	0.10

续表

关键因素		权重	增长型战略（SO 战略）									
			SO_1		SO_2		SO_3		SO_4		SO_5	
			AS	TAS	AS	TAS	AS	TAS	AS	TAS	AS	TAS
内部劣势	W_1	0.08	2	0.16	2	0.16	2	0.16	2	0.16	1	0.08
	W_2	0.06	3	0.18	2	0.12	2	0.12	3	0.18	2	0.12
	W_3	0.11	2	0.22	2	0.22	1	0.11	1	0.11	2	0.22
	W_4	0.12	3	0.36	2	0.24	2	0.24	1	0.12	2	0.24
	W_5	0.04	4	0.16	4	0.16	3	0.12	2	0.08	2	0.08
	W_6	0.10	3	0.30	3	0.30	4	0.40	3	0.30	2	0.20
总分				6.72		5.94		4.83		3.63		4.24

（1）多元化成长战略。

所谓成长战略就是企业通过把握外界的有利机会，发挥自身的优势资源，制定合适的战略方针，以达到企业快速成长和预定的目标 [91]，最初的成长战略是从企业的层次提出来的。产业的成长战略，是指一个产业迎接机遇和挑战，利用外界的机会，发挥产业的优势，制定合适的产业成长战略措施，以达到产业快速成长的目标。根据企业的成长战略模式，产业的成长战略也可以分为集中性成长、一体化成长、多元化成长战略和国际经营成长战略。

（2）差异化竞争战略。

差异化战略就是在低碳经济背景下中国石油工业今后采取的竞争战略，即实现中国石油工业与国外石油工业竞争的差异化，就是不断强化中国石油工业独特竞争力，逐步形成区别于竞争对手的技术和产品。依靠特色技术为顾客提供优于竞争对手的产品或者服务 [92]。中国石油工业差异化战略可以从管理差异化、技术差异化、品牌差异化、营销差异化等方面展开实施。

7.2 战略实施

7.2.1 多元化成长战略

中国《石油发展“十三五”规划》中明确提出了“十三五”期间的发展规划，即牢固树立创新、协调、绿色、开放、共享的发展理念，以能源供给侧结构性改革为主线，贯彻油气体制改革总体部署，发挥市场配置资源的决定性作用，加强国内勘探开发，完善优化管网布局，强化科技创新，构建安全稳定、开放竞争、绿色低碳、协调发展的现代石油产业体系，保障经济社会可持续发展，具体目标包括以下几点。

（1）储量目标："十三五"期间，年均新增探明石油地质储量 10×10^8t 左右。

（2）石油供应：2020 年国内石油产量 2×10^8t 以上，构建开放条件下的多元石油供应安全体系，保障国内 2020 年 5.9×10^8t 的石油消费水平。

（3）基础设施能力："十三五"期间，建成原油管道约 5000km，新增一次输油能力 1.2×10^8t/a；建成成品油管道 12000km，新增一次输油能力 0.9×10^8t/a。到 2020 年，累计建成原油管道 3.2×10^4km，形成一次输油能力约 6.5×10^8t/a；建成成品油管道 3.3×10^4km，形成一次输油能力 3×10^8t/a[93]。

为实现石油工业的成长目标，中国石油工业实施多元化成长战略，主要从三方面进行：一是促进石油工业低碳能源多元化，二是实现油气来源多元化，三是油气消费结构多元化。

（1）低碳能源多元化。

① 大力发展常规油气资源。

大力开发利用天然气、发展气代油是实施能源多元化发展战略的重头戏。与石油和煤炭相比，天然气有价格低、热值高、污染少等优点，且勘探程度低、发展潜力大。LNG 是一种液化天然气，具有便于运输、高效、清洁的优点，大量引入 LNG 有助于中国实现能源供应多元化、优化能源结构。

首先，加强常规油气资源的资源调查评价。中国石油工业应重点加强主要含油气盆地的地质勘查，进一步深化成熟勘查区块的精细勘查，加强老气区的新领域深度挖潜；坚持新地区、新领域、新深度、新层位油气地质调查，提交一批后备选区。通过资源调查评价为常规油气资源的开发制定可行的技术及设备方案，促进常规油气资源的开发。

其次，按照"海陆并进"的工作方针，持续加大国内勘探投入，围绕塔里木、鄂尔多斯、四川和海域四大天然气生产基地，加大新区、新层系风险勘探，深化老区挖潜和重点地区勘探投入，夯实国内资源基础。

② 加快非常规油气资源的勘探开发。

针对中国特殊的地质情况和非常规油气聚集特点和油气层性质，中国非常规天然气的发展也应该制定明确的开采、开发方案。按照目前的情况，中国首先应该大力发展的是致密油和致密气，实现这两种资源的大规模开发利用，其次才是对煤层气和页岩气的开发。除了中国自身特殊、复杂的地质情况制约中国非常规油气资源开发之外，再就是中国非常规天然气开发技术不成熟，比如纳米油气驱油技术、微地震监测技术等核心技术的引进和自主研发，页岩气勘探开发技术要加快自主化，并结合中国的地质条件进行创新，不能生搬硬套美国的经验和开发模式。做好非常规天然气这篇文章，寻找新的产业再成长点，努力延长中国石油工业的生命周期。

③ 积极有序推进可再生能源的勘探开发。

中国地域辽阔，风能、太阳能、地热能、水能以及生物质能等可再生能源丰富，中国石油工业应该紧紧抓住国家在新能源领域给予的优惠政策，有重点、有目的地规划可再生能源的开发利用。如果能实现可再生能源对油气资源的逐步替代，不仅能够实现节能减排，对构建清洁、高效的多元化能源供应体系也起到积极的作用。国际上知名的石油公司已经开始涉足可再生能源领域，积极开发太阳能、生物质能等，如埃克森美孚开始着手对生物燃料水藻产油技术的研发，BP对风力发电、太阳能、生物燃料的技术研发等。中国石油公司应该依托油田所在地丰富的可再生能源，积极稳妥地开发利用可再生能源。

（2）油气来源多元化。

保障油气资源来源多元化，要充分开发利用国内、国外两种资源、两个市场。在国内市场要坚持稳定东部、深入西部、突破海洋的原则；在国外市场要坚持油气进口地多元化、进口方式多元化以及合作形式多元化的原则，统筹兼顾，保障中国油气安全。

① 稳定东部、发展西部、突破海洋。

在对资源进行勘探开发时要逐步统筹规划实现资源的有序接替和良性循环。中国石油供应和能源安全必须立足于国内，因为只有国内的资源才是最安全可靠的。在立足于国内的基础上要贯彻“稳定东部、发展西部、突破海洋”的战略方针。

首先，稳定东部。在不断革新中国东部地区勘探理论和勘探技术的基础上，继续深化东部油田周边和其他新领域、新层系、新类型勘探工作，积极研发和引进能提高油气采收率的新技术，并鼓励企业加强风险勘探。其次，发展西部。中国西部地区油田资源分布相对集中但地质条件复杂，因此要做好地质普查和区域详查，不断深化风险勘探，以四川、鄂尔多斯、塔里木盆地为勘探重点，强化已开发气田稳产，做好已探明未开发储量、新增探明储量开发评价。最后，突破海洋。海洋油气资源是中国石油工业的希望和潜力所在，根据国务院发布的《全国海洋经济发展纲要规划》，中国近海原油总量约为 240×10^{8}t，天然气资源约为 $14\times10^{12}m^{3}$ 且勘探开发程度极低，发展前景不可估量。因此要成功实现海洋对陆地的接替，以保持油气储量的持续增长。

② 促进油气进口地和进口方式的多元化。

中国的主要油气进口地如中东、非洲、拉美地区国家存在的不稳定性较大，以及中国 80% 以上的进口原油都经过霍尔木兹海峡和马六甲海峡，中国原油进口在原产地和运输方面都面临较大的不确定性，油气进口风险比较高。中国油气资源“进口来源多元化”政策贯彻已久，也取得了很好的效果，中国对中东地区的进口量稳中有降，与此同时加大了与俄罗斯、哈萨克斯坦等周边国家的油气合作，在原油输送的安全性和运输成本方面有了很大的提升。中国在逐步形成东北、西北、西南和海上四大战略通道格局的基础上，还要继续加深与周边资源国家的战略合作，随着中俄天然气合同的顺利进行，中国日后还有可能从伊朗、巴基斯坦修建管道，进一步摆脱“马六甲困局”，中国油气进口来源多元化程度进一步加深、油气安全问题将得到进一步的保障。鉴于中美贸易摩擦的影响以及国际贸易环境的不确定影响，中国石油工业应进一步推动进口来源地的多元化，确保中国石油资源的进口安全。具体来说，需要采取以下措施。

第一，开展能源外交，实施有效有序推进的国家一体化策略。首先，中国应加强与石油资源国的合作。结合目前中国石油工业的现状，中国应签订政府间在石油领域开展合作的协定，通过政府间合作的促进和保障作用，为中国石油企业利用境外油气资源创造机会、提供帮助，改善投资环境。积极开展对外工作，与有关国家签订投资保护协定和执业资格互认协定。运用国际性法律和当地的法规，维护中国企业的权益，避免歧视性待遇。充分利用已建立的多双边关系，如上海合作组织投资与发展论坛，中美、中俄、中哈、中印（尼）、中伊（朗）、中委等能源合作机制，进一步深化相互关系，积极实施能源多元化战略。大力推进东北亚能源合作大框架，与俄罗斯、韩国和日本就能源问题进行积极合作。其次，实施一体化策略。中国应根据经济发展总要求，国家制定境外油气利用的整体规划，构建政治、经济、外交、贸易等有机结合、统一对外的运行机制。充分发挥行业协会和中介机构的作用，逐步形成政府、行业协会、中介机构和企业分工明确、程序简化、运转高效的管理体制，确立国家政府部门境外油气项目审批的一站式工作模式。同时，要求在中国石油公司之间建立有效的协商机制，形成合力，维护国家利益，充分发挥各企业的优势，有效利用境外油气资源。对中国拟进入的重点国家，重点关注该国石油领域。要利用中国在联合国安理会常任理事国地位和驻外使领馆常设机构，为中国在世界主要资源国争取利益创造条件，与美国、俄罗斯等大国进行各种方式的工作，争取中国最大利益。

第二，实施灵活多样的进口方式。首先，投资跨国产权。埃克森美孚、英国石油公司、壳牌、雪佛龙和世界其他著名的石油公司，在海外均有石油开采，且开采比例在 55% 以上，而中国石油通过在国际市场上的投资，并达到国际著名石油公司在海外石油开采的水平，便能够在很大程度从供给上满足石油的国内需求[94]。因此，中国石油工业应重视国际市场上的油气资源开采权，并参与其竞争，采用国际市场的石油资源来减轻国内市场石油需求的压力。对于准备时间比较长的工作，投资者需要花费大量时间、精力和金钱，且投资回收期长，采用新建方式，运用区块招标的手段来保证其实现；对于能够获得国外现有资产的项目，可以通过收购勘探到的国外石油区块、收购已探明的石油储量、收购具有生产能力的产量、收购国外石油公司的全部项目、与国外石油公司进行资产交换和并购国外公司的方式来缩短建设周期，从而缓解国内中长期的石油需求压力[95]。其次，针对不同国家采取不同策略。例如，中东国家关注的是资源安全，中国的市场资源有助于在中东国家获得勘探开发项目，与之形成市场—资源交换关系。俄罗斯和中亚国家关注的首先是通道安全，中国油气战略基础设施建设和市场潜力对其极具吸引力；俄罗斯工业基础雄厚，尤其是军工技术先进，具有资本和产品输出的强烈愿望，中国可通过大型油气管道建设和其他大型建设项目、大型采购项目与之构筑经贸—资源交换关系。非洲国家关注的是振兴本国石油工业的资金安全，中国可以与之形成投资—资源交换关系。

第三，进口方式多样化。在油气资源进口方式上主要是管道运输和船运两种方式，在原油进口方面，要继续加强管道运输量，对天然气而言目前中国 LNG 的主要来源是澳大利亚，还要进一步加强海洋油轮和 LNG 运输船的建设，提高海上油气运输的安全指数。

（3）油气消费结构多元化。

中国石油工业油气消费结构的多元化发展包含两方面的内容：一是产品消费结构的多元化，二是促进化工产品原料的多元化。

① 产品消费结构多元化。

中国石油资源的消费模式较为单一，主要是以燃料为主、化工为辅的模式，这样的资源消费模式必然导致石油资源的消费和利用具有高碳性。低碳经济为中国石油工业在节能减排方面提出了更高的要求，除了发展节能减排技术、发展清洁能源之外，还应该改变石油资源单一的利用模式。降低车辆对汽油、柴油燃料的应用，实现利用石油资源生产高附加值、高端精细化工和化工新产品的模式转变。

② 化工产品原料的多元化。

当前中国化工业的基础性原料乙烯、丙烯、丁二烯以及苯类都是石油的产物，每年约有 6.7% 的石油作为有机化工原料被消耗。随着油气资源逐渐供不应求，中国应该实施化工原料多元化战略，充分发挥煤在充当化工原料方面的储量优势，使用低质煤进行优化处理，将其作为化工原料的主要来源，在降低油气资源消耗的同时充分实现低品矿产资源高值化，提高化工产品原料结构的多元化。

7.2.2 差异化竞争战略

低碳经济的发展对石油工业提出了更高的要求，国外石油工业借助低碳经济的战略机遇期积极进行产业升级和发展低碳技术，迅速提高了竞争实力。中国石油工业要想赶超国外石油工业，提高竞争优势，需要在差异化战略方面狠下功夫，寻求与国外石油工业不一样的竞争策略，迅速缩小中国石油工业与国外石油工业的差距。

差异化战略就是在低碳经济背景下中国石油工业今后采取的竞争战略，即实现中国石油工业与国外石油工业竞争的差异化，就是不断强化中国石油工业的独特竞争力，逐步形成区别于竞争对手的技术和产品。依靠特色技术为顾客提供优于竞争对手的产品或者服务[96]。中国石油工业差异化战略可以从管理差异化、技术差异化、品牌差异化、营销差异化等方面展开实施。

（1）提高管理效率，实现管理差异化。

目前，中国石油工业的管理体制已经发生了巨大的改变，从传统的计划经济管理阶段逐步过渡到市场化管理阶段，但是在改革的过程中中国石油工业在管理体制方面还存在很多问题和不足。中国当前管理机构过于分散，制定相关政策耗时耗力，以至于延误了时机。随着低碳经济的兴起，国外石油工业纷纷转变经济发展方式，发展低碳经济。中国石油工业应该抓住低碳战略机遇期努力发展自身。

① 进一步完善现代石油工业法律体系。

由于中国石油法律存在许多问题和漏洞，中国迫切需要完善现代石油工业法律体系，制定相应的石油部门法。在立法的前提下，政府和企业各司其职、分工合作。政府负责制定政策和监督管理，企业则不断完善自身组织结构和管理体制来适应市场化竞争，这样能够大大提高石油工业的经营效率和竞争力。当前，中国石油管理机构主要是国家能源局，但是由于权限有限等诸多问题使得中国石油工业管理弱化。鉴于此，中国石油工业应该组建高级别的石油管理、监管机构，从而提高管理效率。

② 企业实施管理创新。

创新驱动是大势所趋，也是形势所迫，实施创新驱动发展战略决定着中华民族的前途命运。中国政府出台了一系列的文件明确创新驱动发展战略实施的思路。创新驱动战略的实施不仅需要先进的科学技术，而且需要科学的管理方法。科学的管理方法能够提高企业的生产效率，形成有效的创新氛围，中国石油工业应实施创新驱动需要进一步优化管理方法。首先，进行管理思想的创新。管理思想的创新是指企业必须要明确企业的发展愿景、企业的价值理念等，并建立有利于创新的良好氛围[97]。进行管理思想创新能够使企业树立良好的外部形象，能够提升企业内部员工的工作积极性和主动性，有利于促进新思想、新理念的执行，能够为创新驱动战略的实施提供有利的企业氛围。因此，中国石油工业应破除传统的管理方法，进行管理思想的创新，树立良好的创新氛围。其次，建立产业战略联盟。有效的外部联系是企业创新的必要条件，企业需要与外部建立良好的联系，形成合作关系。消费者或客户需求的变化将成为企业管理创新的重要拉动力；竞争对手的战略是企业实施管理创新的重要参考；社会经济和文化的变革将成为企业管理创新的方向。因此，中国石油工业应该建立产业链纵向战略联盟以及石油公司之间的横向战略联盟，一方面产业内部各个企业之间建立合作关系，进行科学管理方法的研究；另一方面与相关企业共同致力于宏观环境、客户等的调查，为先进管理方法的提出提供依据。

综上所述，中国石油工业需要逐步完善石油法律体系，组建高级别的油气监管机构，实行政企分开，进一步优化中国石油工业的市场结构，完善油气市场体系，让市场经济的活力完全迸发出来。中国石油工业还可以利用中国特殊国情和自身优势打造集权和分权相结合的迅速反应机制，不断完善管理体制，提高管理效率，实现管理差异化，抓住低碳战略机遇期，赢得竞争优势。

（2）加强科技创新，实现技术差异化。

习近平总书记曾指出，当今社会，谁牵住了科技创新这个“牛鼻子”，谁走好了科技创新这一步先手棋，谁就能占领先机、赢得优势。科学技术对社会发展的推动作用越来越明显，因此，也成为创新驱动战略实施的关键要素。在当今世界，核心技术能力成为决定企业核心竞争力乃至企业生存的关键要素。中国石油工业能够抓住低碳战略机遇期，全力研发低碳核心技术，抢占科学技术发展制高点，成为中国石油工业提高竞争力、战胜竞争对手的关键。

① 开发绿色低碳技术。

近些年，全球石油可采储量逐渐下降，油价高企，后石油时代已经到来。在后石油阶段，全球都倡导低碳生产和低碳生活，低碳概念已经逐渐被人们所接受。中国石油工业在全国各行业的碳排放量中占据着很大的份额，中国石油工业必须通过提高低碳技术创新能力来减少 CO_2 等温室气体的排放。

CO_2 是导致温室效应的罪魁祸首。在推行低碳技术的同时，更应该注意 CO_2 处理技术的发展。中国石油工业应该大力发展 CO_2 回收再利用和永久封存技术。通过技术处理将 CO_2 转化为甲醇、碳纤维和特殊建材等，还可以回收 CO_2 进行充分再利用，实现循环经济。这样既减少了温室气体的排放，又能提供新型原材料。中国石油工业可以凭借掌握的地质技术将已经废弃的油田和其他特殊地质改造成有利于封存 CO_2 的储藏室。只要积极开发和利用上述低碳核心技术，都可以有效实现温室气体排放的减少。随着中国经济环境的优化，中国石油工业技术创新环境也得到改善，可以在现有的基础上不断增强自主创新能力，开发一批具有自主知识产权的低碳核心技术。中国石油工业还应该提高科研经费，合理布局科研机构，为低碳技术创新创造良好的环境。

在低碳核心技术的基础上，中国针对不同地区不同消费者对能源产品的需求研发出相应的能源产品，尤其是注重低碳能源产品的研发工作。在此基础上中国石油工业能够开拓新的市场领域，从而扩大市场份额。

② 应用区块链技术，实现数字化转型。

区块链技术在石油工业中具有多个应用场景和应用领域，包括生产、物流、仓储、营销、客户服务、经营管理等各方面[98]。中国石油工业不仅要注重新技术的开发，同时要能够将新技术应用于产业的发展中，利用区块链技术降低成本，提高工作效率。首先，中国石油工业要加快生产过程的数字化改造升级。加快生产全过程的数字化改造升级是石油工业实现数字化的重点和难点，中国石油工业应利用区块链技术以及工业互联网平台全面推进工程虚拟建模、过程仿真、计算机辅助开发、嵌入式智能控制等新技术在勘探、开发、炼制等关键环节的应用。其次，加快新一代信息技术与工业互联网的融合。中国石油工业企业应加强5G、大数据、人工智能等新一代信息技术与区块链、工业互联网平台等融合应用，促进石油工业的数字化转型，提高生产及管理效率，促进基于工业互联网的产业价值的塑造。

（3）树立良好形象，实现品牌差异化。

石油工业是提高中国综合国力和国际形象的主要产业之一。目前，中国石油工业在世界中的重要性日益提高，但是在经济规模、国际竞争力和生产效率等方面还无法与国外先进石油工业相比较，尤其是品牌国际知名度还不高。实施名牌战略，打造一大批石油品牌产品，不仅关系到中国石油工业竞争战略的全局，更关系到中国石油工业的国际知名度和国际形象。

低碳经济是一种精细化的新的经济增长方式。它摒弃了传统的粗放型经济增长方式，追求的是精细化的增长方式。它强调质量、成本和效益。在此背景下，中国石油工业创造名牌产品，强调生产效益和产品成本，有助于中国石油工业树立良好的形象，从而实现品牌差异化。

① 加强产品创新，提升品牌价值。

随着对外程度的不断加强，国外石油品牌涌入中国，它们凭借良好的品牌知名度和过硬的产品质量，迅速打开了中国市场，占据了一定的市场份额。中国石油工业应该从产品质量下手，狠抓产品质量，提高服务质量，推出更多优质的产品和服务赢得消费者的信任。中国石油工业需要提高产品的质量及附加值，确保产品质量符合中国最新的产品标准要求，同时通过对原有产品线的改造、升级，提升产品的附加值。

② 积极履行社会责任。

产品质量、服务水平以及社会责任感等是关系企业形象的重要因素，良好的社会形象有利于帮助企业提高品牌知名度，赢得消费者的信任和依赖。因此，中国石油工业还应该时刻履行社会责任，关心员工、消费者、环境和整个社会，从而树立起良好的社会形象。新时期，石油企业的社会责任主要体现在四个方面。

第一，保障能源供应安全。石油作为重要的战略物资，在经济发展中发挥着不可替代的作用，因此对于石油企业来说，保障能源供应安全是最重要的社会责任。这需要石油工业能够重视石油能源供给的安全性，一方面不断增加内部供给，另外一方面通过多元化的进口，保障石油的需求[99]。

第二，落实可持续发展的理念。对于企业来说，落实可持续发展理念是其履行社会责任的重要表现。而石油工业与其他行业不同的地方在于石油工业企业一旦在生产经营过程当中发生失误，则可能会造成资源的流失，这不仅会对生态环境造成危害，而且可能会造成资源的浪费，给国家的经济造成极大的损害。这就要求石油企业在日常的开采、生产以及经营过程中，能够更加重视环境保护以及节约能源，以切实有效的保护生态环境，并且维护员工的自身利益，进而促进可持续发展理念的有效落实。

第三，维护社会的和谐稳定。石油工业在促进国家的经济发展以及推动社会的变革方面发挥着至关重要的作用，这主要是由于石油企业内部通常具有较为复杂的人力系统，因此石油企业需要加强人力资源管理，在管理过程中关心、爱护员工，坚持以人为本的工作理念，了解和满足员工的需求，这不仅有利于提高员工的忠诚度，而且有力维护社会的稳定。

第四，处理好企业与社区的关系。对于石油工业企业来说，要积极参与公益事业，与社区建立良好的关系，这能够有效地提升石油企业的品牌形象。

（4）建立健全市场营销体系，加强市场拓展。

2001年中国加入WTO以后，国内能源产品进一步对外开放，中国石油工业面临着巨大的竞争压力。国内市场国际化、国际市场国内化，中国石油工业逐渐走上世界舞台。中国石油工业应该转变传统的营销思路，更新营销观念，树立以消费者为中心的营销战略思想，满足消费者的多种需求。没有消费者，石油石化产品无法转化为经济价值。所以消费者的需求才是中国石油工业营销的中心。

随着社会的发展，网络技术日益发达。中国石油工业可以开展网络营销，着手在互联网上建立自己的商业网络系统，把自己的产品推销给网络客户。随着电子商务的发展，中国石油工业应该逐步建立覆盖整个销售系统的批发销售进销存系统，实现全系统范围内联网，提高营销效率。

随着低碳经济的发展，绿色能源产品成为中国石油工业营销的新趋势。中国石油工业应该大力开发天然气和其他新能源，调整能源布局；介入 LNG 加气站，力争逐步布局中国主要市场；完善天然气市场等。

最后，中国石油工业应该加强市场拓展能力和进行市场细分。市场经验不足是中国石油工业的普遍问题，因此要提高中国石油工业的市场拓展和全面营销能力。

① 国际市场拓展。

中国石油工业在国外市场开发中，重点领域是油气勘探开发和工程技术服务。国际石油工程技术项目是中国在全球范围内的工作重点。目前中东、中亚、非洲和南美地区是中国海外石油战略集中区域，然而国外先进跨国石油公司已经瓜分了这些地区资源储量丰富、勘探开发条件良好的区域。中国石油工业在这些地区面对的都是开采条件恶劣的地方。恶劣的开采条件、低效率和粗放的生产经营方式明显与低碳经济的号召相违背。为了提高开采效率和采储比例，中国石油工业应该提前做好海外投资项目的可行性研究。石油工业进行跨国经营的风险主要是政治风险、经济风险和资源风险。这就要求必须选择政治稳定、市场开发成本相对低廉、油气资源丰富、开采条件良好、基础设施完善的地区。

中国石油工业由于起步较晚，无论是从规模、资金实力还是技术方面同国外先进水平相比有较大的差距。而低碳经济又导致了世界油气市场的重新分配和布局。中国石油工业应该抓住这次机遇，制定循序渐进的市场拓展战略。中国石油工业应该依托政策的大力扶持，在全球范围内整合优化资源配置，通过自主研发和国际石油合作来提高自身低碳技术水平和低碳产品开发，不断增强国际竞争实力，获取更多的市场份额。

② 国内市场拓展。

中国石油工业有着广阔的潜力巨大的发展空间。随着农业、电子、纺织、交通等相关行业的产业结构调整，在石油石化产品需求增加的同时，对相关低碳产品和绿色能源等的要求也越来越高。

随着经济全球化和一体化的发展，国内市场国际化步伐加快。来自国外先进跨国公司的竞争大大挤压了中国石油工业的生存空间。近几年，中国逐渐减少关税，取消贸易壁垒，给予国外石油公司一定的分销权和贸易权。中国石油工业将会面临来自国外先进跨国公司和周边国家的巨大竞争压力。周边国家出口导向型石油工业的迅速发展，以及产业结构调整后其石油工业竞争力进一步增强，也将会对中国石油工业构成较大的威胁。虽然中国石油石化市场被国外先进石油公司所挤压，但是随着中国经济的发展，中国国内市场仍然有很大的空间。中国石油工业在国内可以采取一系列开发和渗透战略：通过并购国内外石油石化企业并且加以升级改造，提高规模和集约优势；通过直接建设和收购加油站以及储运设施，在国内设立完善的分销网络和供应渠道，扩大市场规模；通过国际石油合作，引进和吸收先进技术，结合时代背景开发一系列绿色能源产品和低碳高附加值产品，开拓新的市场领域。

第8章　低碳经济下中国石油工业发展战略实施的保障措施

8.1　完善油气定价机制，应对油价波动

价格机制是市场经济最重要的调节机制和最有效的经济杠杆，是商品经济最重要的综合性指标，指导商品的生产、交换、分配和消费等领域的各种行为。低碳经济背景下中国油气定价机制中的许多弊端都逐渐凸显出来，成了阻碍中国石油工业抓住低碳经济机遇实现快速健康发展的一大障碍。因此，中国石油工业必须进行油气定价机制改革，建立完善的油气定价机制，真正发挥定价机制对中国石油工业经营行为的指导作用。

8.1.1　完善定价机制

国内油价已成了成品油进口的调节器，在国内油价低于国际油价时，则限制成品油进口，反之，大量的油品就会涌入国内市场，使投机者有机可乘。目前，中国成品油价格已与国际成品油市场接轨，但仍存在对国际石油市场反应滞后的问题，成品油定价、调价不能完全反应市场的真实情况；而中国天然气价格尚未实现与国际天然气市场挂钩。在国际油气价格大幅上涨的情况下，国内油气资源仍保持较低水平，这无疑减少了中国石油工业的经营利润，降低了石油工业发展的积极性。同时这也在很大程度上抑制了油气资源进口，削弱了进口油气资源对缓解国内油气供需矛盾的作用。因此，中国应采取措施加快国内成品油气价格与国际油气市场接轨的步伐，借鉴国外的先进经验，引入市场化的理念，逐步建立能真正反映市场供需关系的、与中国的实际情况相结合的油气价格机制，使价格成为调控成品油进口的有效手段，发挥市场的调控作用，推进石油价格市场化进程。尤其是目前国际油价定位运行的状态下，建立完善的定价机制尤为重要。具体来说，中国石油工业应从以下方面进行油价机

制的改革。

（1）进一步完善市场体系，选准时机推进石油价格体制改革。

国内石油市场要与国际市场接轨需要建立在完善的制度规范以及健全的市场体系的基础上，因此我国应借鉴韩国以及日本等国家石油价格改革的方式，实施渐进式的改革，每次改革都需要制定相应的法律、法规，从而确保改革的成功。如果不合时宜的开放国内市场，不仅会造成国内市场份额被国外企业侵占，而且有可能给国内石油企业带来巨大的压力。因此，中国石油价格改革必须选择合适的时机，确保国内市场有充分的制度保障和良好的竞争环境，与此同时，还应该确保经济形势运行良好的状态下。而在体制不健全的状态下，进行石油价格改革的核心在于缩短油价的调整周期，加快油价的调整频率，从而使得油价能够更好地反映供求关系以及市场的真实信息。

（2）改革石油价格管制方式。

20 世纪 70 年开始，发达国家逐渐放开了石油价格的管制，放开的原因虽然不同，但是有其共同特点，即石油市场已经高度成熟。而且放开之后的石油市场也并非完全不进行政府管制，而是放松管制与激励性管制并存。放松管制是允许更多的企业进入石油开发市场，形成有效的市场竞争，实现油价的市场化，而为了提高企业效率，对于仍需进行管制的领域，采用激励性管制措施。因此，中国的石油价格改革仍然要坚持市场化与政府管制相结合，价格管制以宏观调控为主，制定可行的规则使市场能够按照规则进行有序的运行，同时要进一步完善反垄断相关的法律法规，从而加大对消费者的保护力度；对企业违规行为，处罚力度也要提高到一定的程度，从根源上杜绝违法行为的发生。

（3）从我国实际出发，改革税收等各项制度，同时提高定价机制的透明度。

定价机制的透明，是石油市场自由化的基础也是石油市场规范化的有力保障。将一切制度公开化，接受群众和市场的监督和考验是避免使其走向歧途的重要手段。纵观国内外市场，政府在放开石油价格的同时，对石油市场进行宏观调控最主要的手段就是税收。有效、合理的税收制度不仅可以调节国内石油市场供需，还可以稳定油价、减少石油资源的浪费。中国应从石油市场发育状况和石油企业现实情况出发，在对企业牟取的超额利润进行准确定位的基础上，以税率为手段用制度将其公开化和规范化，在保障国家和人民的利益的同时，对石油工业企业实现有效约束和激励，使其更好地在市场压力下实现自我改革与完善，在国际市场上与西方石油巨头实现公平的竞争与合作，以维护企业自身的利益和国家石油安全，并自发地谋求我国石油工业的长远发展[100]。

8.1.2 建立和完善石油、天然气期货市场

中国未来的石油需求量和进口越来越大，作为最大的燃料油市场，应建立中国自己的石油、天然气期货市场，通过国内期货交易市场的发展来影响国际价格、参与国际市场定价并积极掌握主动权，引导国际油气价格国内化，这在一定程度上有利于本国的发展，是规避国际油气价格风险的积极措施。

（1）上市有影响力原油期货合约，完善石油类衍生工具。

期货合约是指交易双方签署的在未来某个确定的时间按确定的价格买入或卖出某项合约标的资产的合约。目前世界主要的石油交易所都有代表性的原油期货合约，并且成了国际定价体系的重要角色。上市有影响力的原油期货合约是中国提升定价权的重要路径。与此同时，石油金融衍生工具的类别也需要进一步的完善，从而满足国内不同的层次和交易主体的需求。根据中国现有的进口原油产地结构，建立与国外期货市场和原油合约的联动交易，引入国内主要原油进口国的原油期货合约如阿曼原油合约等，也有助于提升市场的活跃度，提高交易所在国际市场的地位[101]。

（2）完善石油、天然气期货建设的政策环境，建立和完善有关法律法规体系和监管体系。

石油期货市场的建立和发展过程中会经常出现很多违反市场规则、有失公平的事。这就需要政府尽快制定《石油期货法》和相关交易规则以保证市场的公平与效率，建立并不断完善期货市场的法律法规，从而为中国石油、天然气期货市场的建立奠定制度基础。

（3）在进行市场化改革石油企业的经营机制与管理体制、放开石油价格的同时，必须建立起宏观调控机制，使政府真正掌握住市场管理和调控权，制定市场规则，形成合理的、有序的竞争格局。

（4）营造石油期货建设的人才环境。

要加快国内期货从业人员的培养，据统计，中国目前从事期货的国内从业人员只有 7000 人左右，与国外相差甚远。因此，中国要尽快培育期货从业人员，并且要注重从业人员素质的提高，可以定期输送一部分人员出国，去发展比较成

熟的期货市场学习先进经验，提升自己的综合素质，以便回国后为国内期货市场的发展贡献一份力量。

8.2 摸清家底，形成产业内部低碳

8.2.1 加强宣传，强化低碳意识

低碳意识是发展内部低碳经济的基础，也是中国石油工业发展低碳经济的先决条件。因此，中国石油工业首先应该强化企业内部的低碳意识，促进低碳价值观念的树立，确定低碳经济发展目标。

（1）加强低碳文化的宣传培训，提高全员的低碳意识。

虽然这几年人们的低碳理念不断上升，但缺少正规培训，认识度不深，所以实践力度也会大打折扣。要构建石油工业的低碳文化，首先要求石油生产企业的管理者转变思想意识，将原来的单纯追求经济效益的思想转变为追求内部低碳经济的发展，重视生态、环境和经济效益的协调发展，建立低碳发展战略；其次，要对员工进行集中培训，使其深刻认识到低碳的内涵，认识到节能减排的重要性，认识到低碳文化对石油工业发展的重要性，同时要通过多种渠道、多种形式加强宣传，使整个产业笼罩在低碳文化的氛围中，使员工无形中形成节能、减排的定性思维。

（2）确定内部低碳经济的发展目标。

石油工业不仅要追求经济收益，同时要树立低碳经济的发展目标，因此，中国石油工业必须要确定内部低碳经济的发展目标，低碳目标的确定需要加入环境成本及效益的核算。总体来说，中国石油工业应该树立经济、社会、环境协调发展的低碳经济发展目标；克服技术难关，实施油气资源的绿色开发，树立中国石油工业的低碳形象。

8.2.2 加强低碳技术研发，提高能源效率

低碳经济的发展是中国石油工业发展的宏观背景，因此石油工业的一切经营行为都必须符合低碳经济的要求。石油工业只有形成内部低碳化，才能把握低碳经济带来的机遇，搭乘低碳经济发展的顺风车实现石油工业的快速发展。

（1）重视全产业链技术水平的提高。

石油工业是一条完整的产业链。其上游负责油气勘探开发，中游负责油气储运，下游负责石油炼制、化工、销售，上中下游产业环环相扣，紧密联系。因此，石油工业需要从产业链的每一个环节来加强科技研发，从勘探开发到运输销售各个环节都要注重能源利用效率的提高。

在上游石油天然气勘探开发阶段，要注重油气勘探开发技术的创新研发，使复杂油气藏的油气得以成功开发，同时提高已开发油田的油气采收率；中游油气运输环节要加强油气混合运输技术的研发升级，同时加强油气运输工具的改良升级，减少运输过程中油气资源的损耗与污染；在油气资源的储藏销售中也要注重油气销售终端储藏、销售设备的更新升级，减少不必要的浪费，提高能源利用率；在下游炼油阶段，要延伸石油化工产业链，进行油气深加工，提高能源利用效率，提高油气产品附加值，促进最终油气产品的低碳化。最后，要注重降低石油及其产品生产过程中的单位能耗，加强生产过程中 CO_2 捕捉、封存技术的研发。从石油工业产业链的每一个环节加强提高能效技术的研发，加强环境污染治理，提高能源利用效率，从而促进石油工业内部低碳化。同时，提升产业集中度，实现上中下游一体化，形成规模效应，也有利于能源效率的提高和环境污染的减小。

（2）实施全过程的环境保护机制。

石油工业中的环境污染问题贯穿石油勘探开发及利用的全过程，因此中国石油工业应以全过程控制为原则，完善“三废”控制体系，对危险废物进行实时监控管理，保证对污染事故及时处理，将环境破坏事故的影响力降到最低。及时抛弃不符合低碳要求的生产技术，加强新技术的研发，并为低碳技术的开发利用提供资金政策支持。

8.2.3　争取“清洁发展机制”项目

清洁发展机制，简称 CDM，是一种灵活多变的国家间环境友好协调机制。CDM 的主要内容是通过协议让发达国家与发展中国家进行 CO_2 等温室气体减排量抵消额的转让与获取，在发达国家的帮助下，发展中国家逐步实施温室气体减排项目。发达国家的能源利用率较高，能源结构分布合理，广泛采用新技术，导致进一步节能减排的成本变得很高。相反，发展中国家能源利用率低，成本也相对较低。到目前为止，CDM 项目扶持的主要是中国、印度等主要发展中国家。CDM 的实施给中国带来了先进的环境友好技术，对中国的经济社会环境有很大的益处。在低碳经济背景下中国石油工业应该大力争取“清洁发展机制”项目，加速实现中国石油工业的结构升级。

8.2.4 石油石化产业园区的低碳耦合发展

目前，中国已经建立了一批石油石化产业园区，并取得了一定的成就。低碳经济下，中国石油石化产业应利用创新驱动战略的成果，进一步促进石油石化产业园区的建设，并利用创新驱动的成果在石油石化产业园区内部形成耦合模式，促进绿色循环发展。中国石油石化产业园区耦合系统可以通过园区的集聚和产业链的设计，形成纵向耦合、横向耦合和区域耦合，最终实现石油石化园区的系统耦合。

（1）纵向耦合。

纵向耦合合强调在石油石化产品的生产和使用过程中，要节省能源、原料、用水及减少三废的排放。在产品销售阶段，减少产品的包装，使用可再生利用和再循环的包装材料。在产品使用寿命结束后的处置阶段，应能回收并加以简单、有效处理或循环再利用。中国石油石化产业实现纵向耦合要求在设计石油石化园区的生态产业链时，依据循环经济理念，模仿自然生态系统中“生产者—消费者—分解者”的物质闭路循环模式，加强资源循环利用和能量梯级重复利用，实现石油石化园区的生态化建设，以最大化园区的社会效益、经济效益、环境效益为终极目标。

（2）横向耦合。

横向耦合是指石油石化园区内的各个企业要相互联系，并使之系统化，形成集生产、流通、消费、回收和环境保护及能力建设为一体的产业链网，形成一个或多个生态产业链，这种现象就是企业间的耦合。企业间耦合超越了企业内耦合，能够解决企业耦合所难以解决的问题，是提高石油石化园区耦合水平的核心。中国石油石化产业园区的横向耦合要求各个企业进行合作，避免传统的过度竞争而实施合作战略，石油石化产业园区内的企业共同致力于产品的研发、技术难题的解决以及生态环境的保护，从而实现多方共赢的局面。

（3）区域耦合。

石油石化园区的区域耦合强调区域内石油石化园区、社会和自然生态系统之间，建立起优势互补、互利共生、自然生态链与人工产业链相结合的生态系统，发挥整体效应。石油石化园区与区域的耦合，是石油石化园区建设中全面考虑资源利用、社会经济发展与环境保护的最高境界，也是石油石化园区建设中最为复杂的问题。中国石油石化产业园区实施区域耦合要求石油石化产业实施清洁生产，以“油品清洁化，能源多元化”为方向发展清洁能源产业体系。

（4）系统耦合。

国外的石油化工园区早已开始系统耦合一体化的建设，目前已经发展到了“与当地社区共发展、与客户合作一体化、员工网络一体化”阶段。中国石油石化产业实施系统耦合模式要确保石油石化产业与城市发展的融合，按照系统耦合的要求，向着“产品项目链条化、公用辅助一体化、物流传输一体化、环境保护一体化、管理服务协同化”的目标努力。

8.3 完善基础设施建设，加强安全管理

中国油气资源分布不均，油气资源主要产地与油气集中消费区分布分散，因此要实现中国油气生产与消费的协调，就要通过油气管道、储油库、储气库等基础设施的建设来实现油气资源的跨区运输与利用。油气基础设施的建设对中国石油工业的稳健发展起着基础性的作用。目前中国油气基础设施已不断完善，全国范围内管网体系已基本形成，储油库、储气库建设也取得很大进展。但不可忽视的是，在中国油气基础设施建设中还存在一些不完善的地方。

首先，中国已建成的管网体系主要是国家骨干管网，而省内管网建设还处于起步阶段。特别是随着低碳经济的发展，越来越多的天然气作为居民用气进入到人们的日常生活。与此相适应，城市天然气管网建设就被提上日程。然而，城市管网建设是一项耗资巨大的工程，不可能全面开展。中国石油工业应借鉴国际先进经验，以中心城市管网建设为突破口，以点带面逐渐向周围城市甚至乡镇扩展，最终形成完善的管网体系。

其次，低碳经济的发展带来了油气资源需求量的大增，需要进口大量油气资源来满足国内油气需求。这就对中国储油库、储气库提出了较高要求。中国储油库、储气库建设还比较缺乏，难以有效发挥其调峰补缺、维持市场秩序的作用。因此，中国石油工业应加大对储油库、储气库基础设施建设的投资力度，建立油

气战略储备，减少中国石油工业对国外油气资源的过分依赖。

最后，在油气资源基础设施建设过程中，应把安全管理贯彻始终。改革开放以来，中国就开始进行油气资源基础设施的建设，因此大量基础设施已进入老旧状态，漏油事故频发，造成资源浪费与环境污染，形成安全隐患。因此，中国石油工业既要加强已有基础设施的安全排查，又要将安全管理理念贯彻到新基础设施建设的过程中。同时要建立安全事故应急机制，将安全隐患降到最低，实现中国石油工业的健康稳定发展。

8.4 加强管理与技术创新，提升竞争力

8.4.1 加强产学研一体化，形成协同创新机制

低碳经济下石油工业健康发展的关键因素是技术创新，为了更好地促进技术研究，中国应建立协同创新机制，实现产学研一体化。

（1）建立协同创新联盟。

企业进行技术创新，实现创新驱动是一项复杂的工程，单纯依靠一个企业难以实施。因此，中国石油工业应该建立协同创新平台，实施协同创新战略，建立以企业为主体，以高校、科研机构、政府为辅助机构的协同创新机制。多元协同联盟中高校以及科研机构所取得的新发现、新理论以及新成果能够为石油工业的技术研发提供基础，尤其是对于一些复杂的技术问题，科研机构、高校以及政府、企业等多方可以协同解决，共同致力于石油工业的关键技术难题的研发工作。同时，高校以及科研机构也是石油工业重要的人才资源的提供者，高校以及科研机构可以向石油工业提供具有高素质的专业技术人才、工程师等创新人才，解决技术难题。政府以及行业协会应该发挥纽带作用，充分调动各方的积极性，促进协同创新机制的形成。

为保障多元协同创新的实施，中国石油工业应建立多元协同机制，协同创新机制应该包括以下内容。

第一，资源共享机制，即需要明确企业、高校、政府、科研院所等主体在协同创新过程中的资源共享问题。中国石油企业应该结合企业自身的生产经营情况向高校、科研院所提供课题来源；高校及科研院所向企业提供研究型人才，解

决技术或经营方面的难题，同时，对于所研发的新材料、新产品在企业中进行实践，促进成果的转化。

第二，资金融合机制。创新驱动的实施需要大量的资金投入作为支撑，因此，在协同创新过程中应该确立科学的资金融合机制。中国石油企业可以根据自身的情况，向政府申请相应的专项资金，引入风险投资等方式，拓宽资金来源的渠道，保障创新战略实施所需要的资金；企业可以邀请高校、科研院所进行技术入股，进一步促进合作，实现共赢。同时，中国石油企业需要进一步增加研发投入，提高研发投入效率。中国石油工业创新型企业需要以转变经济增长方式、实现创新驱动为发展目标，不断增加企业对科技研发投入的经费，提升企业的科研水平，推动传统企业向科技化转变。

第三，风险分担机制。风险分担机制是指在以企业为主体的模式下，企业通过商议或合同条款定义的方式提前决定和高校及科研机构的风险责任分担，以此来约束互相在开发过程中可能出现的过失或是防止可能出现的责任推脱现象。中国石油工业创新驱动战略实施过程中需要企业与高校、科研院所等制定风险分担机制，以提高创新的积极性，提升创新成果的层次。

第四，建立知识转移机制。知识的转移贯穿于协同创新的整个过程，知识的转移机制是否通畅直接关系到协同创新是否能够顺利进行。在长期发展中，科研机构及高校在知识或技术方面占据绝对优势地位，所以协同创新联盟中，各成员的协同创新的定位是不对称的。产学研联盟的一个重要特点是知识由高校或科研机构向企业的单项转移。具体来说就是高校或科研机构将知识转移到企业，企业通过知识的消化吸收，将创新成果市场化，以期在激烈的市场竞争中获得创新收益，然后将创新收益的一部分转移到产学研联盟内部，为下一步的协同创新提供资金支持（图 8.1）。

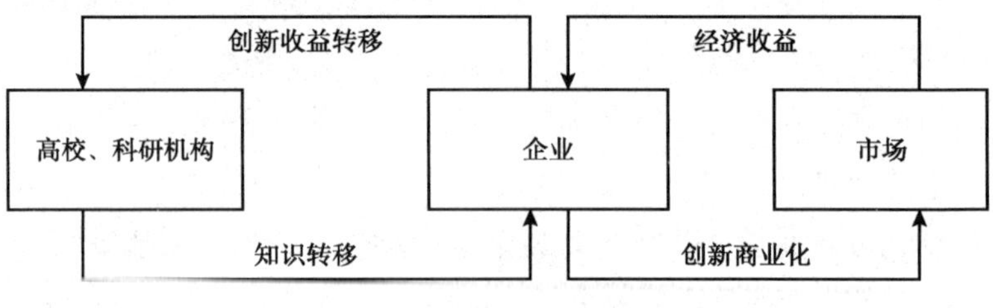

图 8.1　协同技术创新的流程

在这个过程中，如果高校或科研机构能够顺利地将知识转移给企业，被企业吸收，那么产学研联盟的运作就是成功的。但是，这种单项转移也存在一定的问题，即高校或科研机构的创新成果往往缺乏市场应用性，导致科研创新的转化率较低。因此，中国石油工业与高校、科研院所联合成立的多元协同创新联盟应建立双向的知识转转移机制，以实现深层次的协同。中国石油企业必须进一步提升学习能力。学习能力是企业发展的重要源泉，也是影响多元协同联盟协同创新运行的重要因素。因此，企业必须要不断提升自主学习能力，争取实现协同联盟内部的双向知识转移。首先，中国石油企业要进一步明确自身的需求。企业应加强对自己所从事的行业及工业的了解，与行业协会联系，了解行业发展的动态，关注国内外相关产品和科技创新的情况，并对本企业的发展战略以及产品战略、营销战略等方面进行全面的梳理，对本企业面临的内外部环境进行分析，从而明确本企业的创新需求，提高创新信息的准确性[102]。其次，树立创新意识。企业要进一步深化对协同创新的理解，树立以科技创新驱动企业发展的意识，并在企业内部建立良好的创新氛围；加强内部人才的培养以及外部人才的引进，提升人才的技术创新能力。

（2）建立协同人才培养机制。

加强人才队伍建设是低碳经济下石油工业发展的一大重要任务，为促进中国石油工业的低碳化发展，中国石油工业还需要重视人才的培养。

首先，要开放人才录用渠道，面向全社会招募优秀人才；其次，要根据不同人才的不同技能安排相应的职位，做到才尽其能；再次，要加强人才的后期培训和继续教育，及时更新企业员工的知识储备与价值观念，使低碳发展融入每一位员工的意识中，加强低碳技术人才和管理人才的储备与培养；最后，还要重视高校研究院的作用，加强与相关技术研究机构合作，共同培养合格的低碳技术及管理人才，产学研一体化，促进人才学习效率以及实践能力的提高。

8.4.2 借鉴国际经验，形成自身核心竞争力

低碳经济为中国石油工业的发展注入了新的活力，成了促进中国石油工业发展的一大机遇。在此形势下，石油工业应抓住机遇，从技术研发、产业结构调整、基础设施建设等方面加大投资力度，重塑中国石油工业的竞争优势。然而，在现有发展水平下，石油工业仅依靠国内发展经验及技术体系是很难在短时间内

达到足够的水平从而抓住低碳发展机遇，实现自身的高速发展的。而国外石油工业目前已有比较成熟的技术体系、管理机制，因此中国石油工业应积极借鉴国外先进经验，引进国外先进技术，并结合自身实际进行改进创新，从而形成符合国内发展实际的技术体系，塑造自身核心竞争力。

对国际经验的学习借鉴应贯穿石油工业战略措施的各个环节。首先，在常规油气资源勘探开发技术方面，中国已有比较成熟的技术体系，而低碳技术却刚刚起步，特别是非常规油气资源勘探开发技术远远没有达到非常规油气资源大规模开发的要求，这直接阻碍了中国非常规油气资源的开发进程。而国外很多国家在此方面已有很大成就，特别是美国页岩气开发的低成本技术非常值得中国石油工业借鉴。其次，管道安全管理方面，中国尚未形成完善的安全管理机制、安全事故应急机制，而美国在这方面已有了较成熟的技术、管理体系，值得我们借鉴。最后，无论是产业结构的调整还是定价机制的改革，国外都有先进的经验值得借鉴。

国际先进经验为中国石油工业进行战略调整提供了借鉴，可以在很大程度上节省探索的过程，加速中国石油工业走上可持续发展道路的进程。然而，应清楚地认识到中国地质条件、基本国情与国外的差别，在借鉴外国经验时做到有选择、有改进，真正将国外先进经验消化吸收，建立符合本国石油工业发展实际的技术、管理体系。

8.5 完善法律法规，健全低碳发展机制

8.5.1 完善法律法规，提供政策支持

（1）进一步完善相关法律法规。

中国政府在 2007 年发布《应对气候变化国家方案》，将能源生产、节能减排和生产过程控制等列为减缓 CO_2 等温室气体排放的重点领域，在此基础上大力推广中国石油工业的节能减排技术和环境友好机制。中国在 2009 年哥本哈根气候大会上承诺，到 2020 年单位 GDP 二氧化碳排放量比 2005 年下降 40%~45%。中国政府将会颁布严格的温室气体减排目标，并给各石化企业下达约束性减排指标指令。

低碳经济背景下，中国对于石油工业的监管将会更加严格，相关部门会重点从技术达标、排放量、能源利用率等多项指标进行重点检查。中国应该积极完善并且建立《能源法》的主导地位，以各项环保法律诸如《节约能源法》、《清洁生产法》和《循环经济促进法》为辅助，以行政法规、部门规章和其他法律相配套，建立具有强制作用的监督管理机构，强化中国石油工业低碳经济发展的监督，建立相关问责制度。

（2）完善激励机制。

石油企业进行技术创新的相关政策和鼓励措施是保障中国石油工业低碳发展的主要动力。首先，制订和完善政策。为促进能源效率的提高、节能减排技术的研发、碳封存技术和低碳技术的应用推广，中国应积极学习国外先进经验，如学习日本、欧盟国家对新能源技术、碳封存技术等发放补贴，鼓励相关技术的研发应用。其次以国家投资为主、广泛吸收社会资金设立、完善“碳基金”管理制度，成立“碳基金”管理公司，“碳基金”公司广泛吸收、收集低碳相关技术，并从技术应用成本、节能减排效果、投入产出等多个方面进行分析，并将分析评判结果发放到公共技术平台上以供各石油公司进行参考和交流。这样有助于中国石油企业及时了解国外低碳技术的最新动态和市场前景，帮助石油企业进行技术管理，以此来鼓励和推广低碳技术的使用。最后国家要建立低碳技术风险投资政策，扶持相关机构的设立，降低石油公司低碳技术投资风险，并设立风险投资回报，鼓励石油公司积极开展低碳技术的研发。

（3）完善财税保障政策。

财税政策的作用表现在两方面：一是对高耗能、高排放产品和工艺通过提高税率、提高资源税和环境补偿标准，将环境损失成本和资源消耗成本反映到能源价格中等方式加以制约。二是通过对从事低碳技术研发，生产高附加值产品的企业减免税收，或者增加财政优惠的方式加以鼓励和倡导。在这方面中国可以借鉴外国先进经验，如英国开征碳税，或者对特定技术或者含有特定技术的商品实行税收抵减、返还、加速折旧等措施。或者是仿照荷兰对企业引进的节能设备加速计提折旧，并将计提的折旧按比例从利润中扣除，以适当解决企业引入节能设备成本太高的问题，鼓励企业使用节能设备。提高能源消费税率和环境税率，引导消费者低碳消费模式。

8.5.2 构建碳交易市场，形成低碳发展战略机制

碳排放权交易（简称碳交易）来源于排污权的交易，其含义是指为促进温室气体减排而发挥市场机制的作用来保护环境的交易机制，即允许企业在不突破规定的碳排放总量的前提下，可以使用企业减少的碳排放量在碳交易市场上交易企业内部以及国内外的能源资源，这样通过市场机制优化配置企业的碳排放资源，最终达到实体碳减排的目的[103]。因此，碳交易是低碳经济下解决企业的环保问题，实现企业低碳化的重要途径。

目前，在世界范围内，碳交易市场大部分被欧美发达国家所垄断，其中包括美国的气候交易所、英国的排放权交易所和欧盟的排放权交易所。2011 年后，中国八大碳交易试点先后建立，成功完成了碳交易市场机制试点和设计的初步阶段，在数量和性能上都取得了显著的成绩。但是，和世界其他国家相比，中国是一个碳资源大国，但是却处于碳交易市场的底端，碳交易机制比较滞后。碳交易市场主要包括项目、商品和碳金融市场三个阶段。中国目前的碳交易市场主要集中在初级阶段，而欧美等发达国家已经处于商品阶段和终端碳金融市场阶段。中国碳交易市场不够完善，目前碳交易存在的主要问题是价格低、数量少。项目的批准和实施也被欧美等发达国家所控制。在交易效率、市场监管、相关立法的制定和人才需求等方面仍有很大的差距，中国应更多地关注当前碳交易市场发展的不平衡问题。据统计，中国石油工业在国际碳交易过程中处于弱势地位，因此，构建合理的碳交易机制将会极大地提高中国石油工业的低碳经济竞争力。针对中国碳交易中存在的问题，中国政府应采取以下措施。

（1）建立全国统一的碳交易平台。

碳交易平台是指开展碳交易活动的载体，是开展碳交易业务的重要基础。中国要努力构建碳排放权交易平台，从而整合市场资源，发挥市场的调节作用，有效地促进科学合理的市场价格的形成。与此同时，借助全国统一的碳交易平台，能够降低交易成本，提高石油企业在碳交易市场上的竞争力，并提升中国在碳交易市场上的话语权。现阶段，中国可以在试点交易平台的基础上设立，实现各试点市场之间相互联动的自动实时报价系统，实现交易信息的共享，并建立全国统一的碳排放交易规则，从而整合成为全国统一的碳交易平台。

（2）进一步完善碳排放交易相关的制度建设。

首先，建立专门的监管部门，对市场进行有效监管是当务之急。中国的碳交易市场是一个典型的政策导向市场，应该建立健全法律和监管体系，促进全国碳交易市场的顺利运行。一方面，碳市场需要强有力的立法，尽快颁布明确碳市场各方的责任、权利和利益的法律法规，为碳交易提供保障。另一方面，政府应该考虑到减少碳排放的重要性，在能源、环境保护、资源管理等法律体系中增加低碳经济的内容，促进国家法制建设，规范转型过程，实现低碳经济。其次，给予碳排放权交易活动以更大的政策性倾斜。目前，中国的碳交易市场建设正处于起步阶段，政府在构建碳交易市场过程中居于主导地位，需要各级政府出台相适应的政策，包括财政政策、税收政策、利率政策等以支持和鼓励排放企业参与碳排放交易，降低企业的成本和负担。

参考文献

[1] 王怡，刘泊静 . 能源革命起笔新篇章——写在能源安全新战略实施五周年之际 [N]. 中国电力报，2019-6-17.

[2] kinzig A P，kammen D M. National trajectories of Carbon emissions: analysis of proposals to foster the transition to low-carbon economies[J].Global Environmental Change，1998，3（3）：183-208.

[3] Department for Transport，Department for Environment and Rural Food. Energy White Paper: Our energy future-creating a low Carbon economy[R]. The Stationery Office，U K, 2003.

[4] Puliafito S E，José L Puliafito，Grand M C. Modeling population dynamics and economic growth as competing species: An application to CO_2 global emissions[J]. Ecological Economics，2008，（65）：602-615.

[5] Soytas U，Sari R，Ewing B T. Energy consumption，income，and carbon emissions in the United States [J]. Ecological Economics，2007，（62）：482-489.

[6] Chang T C，Lin S J. Grey relation analysis of carbon dioxide emissions from industrial production and energy uses in Taiwan[J]. Journal of Environmental Management，1999，（56）：247-257.

[7] Stretesky P B，Lynch M J. A cross-national study of the association between per capita carbon dioxide emissions and exports to the United States[J]. Social Science Research，2009，（38）：239-250.

[8] 王旭霞 . 低碳经济背景下环境治理与经济增长：基于省级动态面板数据 GMM 分析 [J]. 开发性金融研究，2019，（4）：39-48.

[9] Andrew J，Kaidonis M A，Andrew B. Carbon tax: Challenging neoliberal solutions to climate change[J]，Critical Perspectives on Aaccounting，2010，121（7）：611- 618.

[10] Baranzini A，José，Goldemberg，Speck S. A future for carbon taxes[J]. Ecological Economics，2009，（32）：395-412.

[11] Benjam in Bureau. Distributional effects of a carbon tax on car fuels in France. CERNA working paper series[J]，2010，（10）：120-125.

[12] Lee C F，Lin S J，Lewis C，et al. Effects of carbon taxes on different industries by fuzzy goal programming: A case study of the petrochemical-related industries，Taiwan[J]. Energy Policy，2007，35（8）：4051-4058.

[13] 张明喜 . 中国开征碳税的 CGE 模拟与碳税法条文设计 [J]. 财贸经济，2010，（3）：12-15.

[14] 黄杰夫 . 碳税不得不说的事 [N]. 21 世纪经济报道，2010-5-25.

[15] 魏东，岳杰 . 低碳经济模式下的碳排放权效率探 [J]. 山东社会科学，2010，（8）：26-29.

[16] 樊雅文 . 英国低碳经济政策的实施及对中国的启示 [D]. 长春：吉林财经大学，2019.

[17] 杜祥琬 . 对中国绿色低碳能源战略的探讨 [J]. 太原理工大学学报，2010，41（5）：453-453.

[18] 张艳秋，张抗．对中国未来低碳能源约束下的能源构成和油气需求分析 [J]. 中外能源，2010,（1）：9-10.

[19] Bisson P，Stephenson E，Viguerie S P. 为地球定价 [J] 麦肯锡季刊，2010,（2）：22-23.

[20] Valentine S V. A STEP toward understanding wind power development policy barriers in advanced economies[J]. Renewable and Sustainable Energy Reviews，2010，14（9）：2796-2807.

[21] Olatubi W O，No S C. On the vulnerability of the oil and gas industry to oil price changes [J]. Atlantic Economic Journal，2003,（12）：25-28.

[22] Kunce M. Effectiveness of Severance Tax Incentives in the U.S. Oil Industry [J]. International Tax and Public Finance，2003,（9）：23-26.

[23] Vellinga P. Industrial transformation towards sustainability of the energy system [J]. Integrated Assessment，2009,（1）：157-163.

[24] Parikh J，Parikh K. India' s energy needs and low carbon options [J]. Energy，2011，36（6）：3650-3658.

[25] 李晓春．中国石化集团公司发展战略分析 [D]. 西安：西南财经大学，2001：1-46.

[26] 周炳文．中国海洋石油总公司外向化发展战略研究 [D]. 天津：天津大学，2003：1-83.

[27] 张金莹．基于 SWOT 分析法的中国能源发展战略浅析 [J]. 能源技术与管理，2007,（5）：124-126.

[28] 赵胜男，崔胜辉，林剑艺．基于 SWOT 法和层次分析法的能源发展战略研究 [J]. 环境科学与技术，2011，34（9）：189-194.

[29] Ogri O R. A review of the Nigerian petroleum industry and the associated environmental problems [J]. The Environmentalist，2001,（3）：35-40.

[30] Hanson D，Laitner J A'. An integrated analysis of policies that increase investments in advanced energy-efficient low-carbon technologies [J]. Energy Economics，2004，26（4）：739-755.

[31] Chilingar G V，Endres B. Environmental hazards posed by the Los Angeles Basin urban oilfields：an historical perspective of lessons learned [J]. Environmental Geology，2001,（4）：65-68.

[32] Unruh G C，Carrillo-Hermosilla J. Globalizing carbon lock-in [J]. Energy Policy，2006，34（10）：1185-1197.

[33] Grubb M，Butler L，Twomey P. Diversity and security in UK electricity generation：The influence of low-carbon objectives [J]. Energy Policy，2006（34）：4050-4062.

[34] 杜伟．低碳经济与中国石油石化行业的发展 [J]. 国际石油经济，2010,（1）：32-37.

[35] 钱磊，季远玲．低碳经济的发展对石油行业的深远影响．价值工程，2010,（15）：118.

[36] 潘红磊，杜卫东，谢萍，等．浅谈石油企业如何做好环保规划 [J]. 油气田环境保护，2005，15（2）：1-3.

[37] 潘红磊，张庆军，谢萍，等．石油行业环境标准化现状分析 [J]. 油气田环境保护，2006，16（3）：1-3.

[38] 王琦 . 中外石油行业环境绩效信息比较 [J]. 现代审计与经济，2009,（5）：18-19.
[39] 何丽梅 . 基于独立环境报告的中日石油企业环境绩效信息披露比较研究 [J]. 中国人口资源与环境，2009，19（6）：97-102.
[40] 许晓玲，何芳，崔晴 . 石油企业如何在经济、环境、社会多重期望下满足能源需求—五大国际石油公司的战略应对 [J]. 国际石油经济，2012,（7）：16-20.
[41] 宋顺琼 . 建立安全健康环境管理体系 确保油田安全生产 [J]. 中国海上油气（地质），2002，16（6）：433-438.
[42] 魏豪 . 关于中国石油环境与石油安全体系的战略思考 [J]. 石油化工管理干部学院学报，2004,（2）：7-10.
[43] 曹新 . 中国能源发展战略与石油安全对策研究 [J]. 经济研究参考，2005,（57）：2-15.
[44] 陈军，成金华，吴巧生 . 中国石油安全战略评价：1990—2006[J]. 中国人口资源与环境，2008，18（1）：62-68.
[45] 刘倩如，王建勇 . 科技创新是保证中国石油安全的重要手段 [C]. 北京市：中国石油大学（北京）中国能源战略研究中心，2006：1-11.
[46] 何贤杰，刘增洁，吴初国，等 . 中国石油安全评价及建议 [J]. 国土资源情报，2012,（10）：2-7.
[47] Glomsrod S，Wei T. Coal cleaning：a viable strategy for reduced carbon emissions and improved environment in China? [J]. Energy Policy，2005,（33）：525-542.
[48] Huang Y F，Huang G H，Hu Z Y. Development of an expert system for tackling the public' s perception to climate-change impacts on petroleum industry [J]. Expert Systems with Applications，2005,（29）：817-829.
[49] Ma H Y，Oxley L，Gibson J. Chinese energy situation in the new millennium [J]. Renewable and Sustainable Energy Reviews，2009,（13）：1781-1799.
[50] Xia X H，Huang G T，Chen G Q，等 . Energy security，efficiency and carbon emission of Chinese industry [J]. Energy Policy，2011,（39）：3520-3528.
[51] 张丽峰 . 中国产业结构、能源结构和碳排放关系研究 [J]. 干旱区资源与环境，2011,（5）：1-7.
[52] 张运河，梁玉国，张庆 . 低碳经济下中国能源结构优化 [J]. 价值工程，2011,（11）：15-16.
[53] 吴辉 . 低碳经济下新能源技术经济范式研究 [J]. 四川理工学院学报，2011,（3）：1-8.
[54] 徐隽，谭忠富，张强，等 . 低碳经济下能源综合规划的生态功能单元方法 [J]. 中国电力，2011,（4）：95-98.
[55] 李宏勋，何松彪，郝增亮 . 中国石油工业控制力和国际竞争力 [M]. 北京：石油工业出版社，2010：164-168.
[56] 高新伟，张娟 . 中国石油工业的国际化构架 [J]. 中国国情国力，2009,（3）：13-16.
[57] 陈耕 . 石油工业改革开放 30 年回顾与思考 [J]. 中国石油和化工，2009,（1）：10-17.
[58] 国际大石油公司绿色低碳发展实践 [EB/OL]. [2017-2-19]. https：//www.sohu.com/a/126684651_549261.
[59] 国家能源局 . 能源技术创新“十三五”规划 . [EB/OL]. [2016-12] http：//www.nea.gov.cn.

[60] 张祺 . 中国石油生产量的组合预测模型及应用 [J]. 经济问题，2013,（4）: 71-74.
[61] Ma Jin. Study on polycyclic aromatic hydrocarbons（PAHs）contents and sources in the surface soil of Huizhou City，South China，based on multivariate statistics analysis[J].Chin J Geochem，2009,（28）: 335-339.
[62] 舒彤，葛佳丽，陈收 . 基于支持向量机的供应链风险评估研究 [J]. 经济经纬，2014，31(1): 130-135.
[63] 郭丽娜，杨明，涂金金 . 一种并行结构化支持向量机次梯度投影算法 [J]. 计算机科学，2014，41（2）: 127-130.
[64] 郭明玮，赵宇宙，项俊平 . 基于支持向量机的目标检测算法综述 [J]. 控制与决策，2014，29（2）: 193-200.
[65] 曾振东 . 基于灰色支持向量机的网络舆情预测模型 [J]. 计算机应用与软件 2014，31（2）: 300-302.
[66] 叶艺勇 . 基于支持向量机和领域知识的纳税评估预警模型 [J]. 数学的实践与认识，2014，（1）: 72-77.
[67] 杜树新，吴铁军 . 用于回归估计的支持向量机方法 [J]. 系统仿真学报，2003，15（11）: 1580-1585.
[68] 陈进东，潘丰 . 基于在线支持向量机和遗传算法的预测控制 [J]. 系统工程与电子技术，2013，35（6）: 1275-1280.
[69] 李成，周恒 . 原油价格改进型神经网络预测方法 [J]. 统计与决策，2013,（8）: 67-69.
[70] 李小艳，唐智勇 . 基于 BP 神经网络的企业知识管理评价模型 [J]. 计算机应用与软件，2014，31（2）: 93-95.
[71] 毛定祥 . 联立方程计量经济学模型的结构识别 [J]. 中国管理科学，1997，5（3）: 53-56.
[72] 耿修林 . 基于主成分原理的多元质量控制图的构造 [J]. 数理统计与管理 . 2007，26（1）: 106-111.
[73] 石岩涛 . 巧用 SPSS 做均值向量检验 [J]. 统计与决策，2012,（12）: 87-88.
[74] Wang F K. Comparison of Three Multivariate Process Capability Indices[J].Journal of Quality Technology.2003，32（3）: 263-275.
[75] 刘道文，樊明智 . 基于支持向量机股票价格指数建模及预测 [J]. 统计与决策，2013,（2）: 76-78.
[76] 陈进东，潘丰 . 基于在线支持向量机和遗传算法的预测控制 [J]. 系统工程与电子技术，2013，35（6）: 1275-1280.
[77] 杨娟丽，徐梅，王福林 . 基于 BP 神经网络的时间序列预测问题研究 [J]. 数学的实践与认识，2013，43（4）: 158-164.
[78] 李成，周恒 . 原油价格改进型神经网络预测方法 [J]. 统计与决策，2013（8）: 67-69.
[79] 潘雄锋，杨越 . 基于联立方程模型的对外贸易与碳排放互动关系研究 [J]. 运筹与管理，2013,（1）: 132-137.
[80] 许淑婷，关伟 . 基于联立方程组模型的辽宁省能源供需研究 [J]. 资源开发与市场，2013，29（4）: 360-62.

[81] 积极应对国际油价下跌对经济的影响 . [N]. 经济参考报，2020-03-24.
[82] 卢奇秀 . 国家管网公司挂牌成立！三大维度解读 [N]. 中国能源报，2019-12-09.
[83] 赵泽宽，丁美玲，张俊敏 . 有效应对新冠肺炎疫情，保持经济社会平稳健康发展 [N]. 中国经济时报，2020-02-17.
[84] 陆如泉 . 新冠肺炎疫情对中国及全球油气市场影响几何 [EB/OL]. 中国石油新闻中心，[2020-2-18].
[85] 何建坤：中国能源需求仍将增长需大力提高能源利用效 [EB/OL]. 新浪财经网，2019-08-24.
[86] 中美贸易摩擦对油气企业的影响分析 [EB/OL]. [2019-11-07].http：//www.tanpaifang.com/tanguwen/2019/1107/66232.html.
[87] 特朗普访华签下 2535 亿美元大单 [EB/OL]. 每日财经网 . [2017-11-9].
[88] 国际能源署 . 2019 年全球二氧化碳排放情况 [EB/OL]. [2019-2-11].https：//www.iea.org/articles/global-co2-emissions-in-2019.
[89] 凤凰国际智库 . 民调：数据告诉你中国民众对环境保护究竟有多关心？[EB/OL]. [2016-2-26]. https：//pit.ifeng.com/a/20160226/47595412_0.shtml.
[90] 靳明 . 绿色农业产业成长研究 [D]. 西安：西北农林科技大学，2006.
[91] 孙学敏 . 中小企业成长与战略研究 [M]. 郑州：郑州大学出版社，2003：5-7.
[92] 王增年 . 长庆石油勘探局竞争战略研究 [D]. 西安：西安理工大学，2008.
[93] 国家发展改革委 . 石油发展十三五规划 [EB/OL]. [2016-12-24.]. http：//www.nea.gov.cn/2017-01/19/c_135997294.htm.
[94] 汪巍 . 中国石油企业跨过并购的成功法宝 [J]. 经济师，2014，(1)：89-91.
[95] 赵振智，李宏勋 . 基于多层次灰色综合评价的中国石油公司跨国产权投资方式选择 [J]. 中国软科学，2009，(9)：187-192.
[96] 王增年 . 长庆石油勘探局竞争战略研究 [D]. 西安：西安理工大学，2008.
[97] 王晓辉 . 中小企业管理创新关键因素研究 [J]. 财经问题研究，2011，(11)：108-109.
[98] 董蔚 . 浅析物联网 + 区块链在石油石化行业中的应用 [J]. 数字技术与应用，2019，37(2)：104-106.
[99] 周杰 . 新时期石油企业社会责任探讨 [J]. 现代国企研究，2017，(20)：68.
[100] 闫文娜，刘慧芳，汪安佑 . 深度透析国际石油定价机制：原油中国启示录 [J]. 资源与产业，2011，(5)：6-10.
[101] 何颖 . 现行国际石油价格体系下的中国石油定价研究 [D]. 北京：对外经济贸易大学，2017.
[102] 张展 . 创新驱动载体与辽宁新兴工业、县域经济发展研究 [M]. 北京：化学工业出版社，2016：148.
[103] 孔祥云 . 中国碳排放权交易定价机制研究 [D]. 天津：天津商业大学，2019.